普天之下・盡是好書

普天出版家族
Popular Press Family

凌雲文創
A-Plus Creative Company

凌雲 編著

改變看事情的角度，就會找到更好的出路

與其抱怨，不如試著改變

哲學家叔本華曾經寫道：「喜歡抱怨的人，總是帶著有色的眼鏡看人生，把所有的快樂都看成不快樂，就好比美酒一到充滿膽汁的口中也會變苦一樣。」

面對失敗挫折，絕大多數人選擇抱怨和逃避，整天怪東怪西，怪別人、怪社會、怪命運、怪景氣，就是不肯靜下心來檢討自己。

帶著墨鏡看人生，人生當然一片黑暗。唯有放下怨懟的情緒，改變觀看事情的角度，人生才會豁然開朗。

• 出版序 •

與其抱怨，不如試著改變

痛苦與快樂是並存的，唯一能掌握的就是態度。要沉浸在痛苦之中，還是要奮力前進，端看能不能體會生命的深度。

英國作家毛姆曾經寫道：「一經打擊，就抱怨、生氣，甚至放棄努力的人，永遠是個失敗者。」

生氣、抱怨無法改變你的處境，只會讓你喪失理性與冷靜。

一味抱怨，並不能解決生活中的各種困惱，只會讓自己越活越懊惱。面對失敗、挫折，與其整天抱怨，不如積極改變自己，只要你調整自己的心態，最終一定能夠成就亮麗的未來。

人生最終會走向何處，完全取決於我們的生活態度，人生的苦樂，也在於我們用什麼態度做選擇。

面對生命中的各種難題，用不同的角度解讀，往往會得到不一樣的結果，千萬別以為目前遇到的困境，就是自己的「世界末日」，其實，只要試著改變應對的態度，換個角度重新檢視，就可以輕鬆改變自己的前途。

唯有改變心態，才可能擁有美好的未來。

美國詩人愛默生曾經說過一句寓意深遠的話：「只有在天空最黑暗的時候，才能看到天上的星星。」

因為有黑暗，才能看見閃爍的星星；因為有黑暗，才能感受到白天的光明和溫暖。生命就是如此一體兩面，有痛苦，才能感受到喜悅。一個不曾感受過痛苦的人，無法體會快樂的可貴。

就像飢腸轆轆的人，最能品嚐到食物的美味；在大熱天下行走，哪怕只有小小一片樹蔭，都是上天最大的恩賜。也因此，許多生過大病、出過意外的人，在康復之後能更珍惜自己，了解生命的意義。

由於車禍，米契爾全身有百分之六十五的皮膚都被燒壞了。手術後，他無法拿起叉子，無法撥電話，也無法一個人上廁所。但以前曾是海戰隊員的米契爾從不認為他被打敗了。他說：「我可以掌控自己人生的浮沉，我可以選擇把目前的狀況看成倒退或是一個起點。」

六個月之後，他又能開飛機了！

米契爾為自己在科羅拉多州買了一幢維多利亞式的房子，另外也買了房地產、一架飛機及一家酒吧，後來他和兩個朋友合資開了一家公司，專門生產以木材為燃料的爐子，這家公司後來變成佛蒙特州第二大的私人公司。

車禍發生後四年，米契爾開的飛機在起飛時又摔回跑道，把他胸部的十二條脊椎骨全壓得粉碎，腰部以下永遠癱瘓。

經歷了兩次可怕的意外事故後，他的臉因為植皮變成一塊彩色板，手指沒了，雙腿萎縮無法行動，只能癱瘓在輪椅上。

米契爾仍不屈不撓，日夜努力使自己能獨立自主。他甚至被選為科羅拉多州孤峰頂鎮的鎮長，保護小鎮的美景及環境，不因礦產的開採而遭受破壞。米契爾後來也競選國會議員，他用一句「不只是另一張小白臉」的口號，將自己難看的臉轉化成一項有利的資產。

儘管面貌駭人、行動不便，米契爾仍墜入愛河，完成了終身大事，接著又拿到了公共行政碩士，並持續他的飛行活動、環保運動及公共演說。

米契爾屹立不倒的正面態度，使他得以在「今天看我秀」及「早安美國」節目中露臉，《前進雜誌》、《時代週刊》、《紐約時報》及其他出版品也都有米契爾的人物特寫。

古羅馬思想家蒙田曾經說過：「生命的用途，並不在於長短，而在我們用什麼態度經營它。」

遭遇困難、感到失望的時候，人難免會對未來抱著悲觀和沮喪，但千萬別讓負面情緒主宰自己的未來，無論如何都要試著用正面的態度面對。

如果一個人四十六歲時，因爲車禍被燒得不成人形，四年後又在一次墜機事故後，腰部以下全部癱瘓，你能想像他會變成百萬富翁、公共演說家、成功的企業家嗎？你能想像他會去泛舟、跳傘，甚至在政壇角逐一席之地嗎？

這一切，米契爾全做到了！許多令人難以置信的事，都是在負面的情況、艱苦的環境中達成。因爲，壓力就是動力，痛苦往往伴隨著喜樂，就看自己要用什麼心態面對。

或許，之前我們能做到十件事，然而在苦難之後只可以完成一件事，我們仍能爲此感到快樂，只要目光不侷限在無能爲力的另外九件事上。

不同的觀點，創造出不同的生命。我們應該用沉穩的態度來面對苦難，因爲它的背後往往伴隨著喜悅。

痛苦與快樂是並存的，唯一能掌握的，就是自己的態度。要一直沉浸在痛苦之中，生不如死，還是要苦中作樂，端看我們能不能體會生命的深度。

PART—1 別用兩塊錢賣掉你的快樂

丟掉生活中的負面情緒，或許並不是件容易的事，但是，如果你能開心地笑，又何必老是哭喪著臉呢？

PART— 2

別提前宣判自己死刑

看一看外面的世界，你會發現，原來有人比你更加悲慘，但他們都能走過來了，你又有何不能？

PART—3

不斷超越別人，也不斷超越自己

愛因斯坦對於自己的理論，一直抱著「一種發現的過渡」，人也應該如此，必須不斷超越別人，也不斷超我越自我。

PART—4

在意別人的眼光，就會被牽著鼻子走

多數人總是活在習慣的思維裡，大腦根本就沒有進行邏輯思考的能力，如果你在乎他們的眼光和看法，最後當然會被他們牽著鼻子走。

PART—5

心情輕鬆，腦袋自然暢通

仔細回想一下，當你放鬆心情的時候，思路是不是很快地就能澄清，許多靈感和想像都能激發出來呢？

PART—6

給自己多點鼓勵，到哪裡都是第一

假使你的能力有限，無法做出一番轟轟烈烈的大事，也不用灰心，好好發揮你的專長，就是自己的第一名。

PART—7

拒絕自憐，才能大步向前

人們習慣於憐憫自己，愈是呵護自己，愈是自憐。只要我們在苦難面前永不放棄，一定可以贏得成功和幸福。

PART—8

不放棄，才會有奇蹟

如果能把每一次挑戰都當成最後一次希望，就不會放棄任何可以成功的機會，只要不放棄，就會有奇蹟出現的可能。

PART—9

保持微笑，有意想不到的成效

微笑能化解爭端，平息對方的怒火，更可以安撫自己內心的悶氣。讓微笑幫助自己解決衝突，讓問題簡單一點。

PART—10

改變心境，就能改變人生

古羅馬大哲學家奧理略曾說：「人的一生，是由他的想法創造所成。當我們抱著幸福和快樂的思想時，就會過得幸福和快樂。」

PART 1

別用兩塊錢 賣掉你的快樂

丟掉生活中的負面情緒，或許並不是件容易的事，但是，如果你能開心地笑，又何必老是哭喪著臉呢？

讓錯誤成為美麗的意外

失敗時，你只需要一個正確的想法和積極的行動，只要你能找出扭轉局面的方法，失敗就會是成功的另一個開始。

當事情出現無法改變的錯誤，不要急著生氣或放棄，應該試著尋找其他出路，讓不利的局面朝另一個面向發展。

除了課堂上的考試之外，凡事不會只有一個標準答案，只要善於檢討、掌握每個意外，我們也能從錯誤中找出正確的道路。

有個德國工人在生產紙張時，不小心將原料調配的比率弄錯了，結果生產了一批不能書寫的廢紙。

出了這麼嚴重的紕漏，他不僅被扣工資，最後還遭到解僱。

當他灰心喪志的時候，恰巧有個朋友來找他，聽了他的遭遇之後，為他想了一個補救的方法。

這個朋友教他把問題重新思考一次，然後從這個錯誤中找出問題的癥結和變通的方法。

這天，他拿著紙張反覆思考，發現這紙張比一般紙張還要厚，想得出神的他，一不小心就把水杯給弄翻了，情急之下，便將這張紙隨手覆蓋上去。

沒想到，這張廢紙一下子便把水吸乾了，它的吸水性甚至還比抹布還要好。

他靈光一現，發現這樣的紙，應該可以用在擦拭一般餐具或家庭器具上，而且既衛生又方便。於是，他把紙張切成小塊，取名為「吸水紙」，拿到市場上出售，沒想到十分地搶手。

因為這個錯誤的調配比率只有他一個人知道，後來他還申請了專利，靠著這個錯誤，以及朋友的提醒，為自己找到了人生的新出路。

唯有充滿智慧的人，才能夠將失敗化爲自己成功的機會，就像蚌能將擾亂它的沙子變成珍珠一樣。機會隨時會來敲門，就怕欠缺因應的智慧。遭遇失敗、挫折的時候，只要你願意換個想法，往往就能找到反敗爲勝的方法。

「錯誤」有時也能成爲「意外的創新」，思考不應該只是一條直線，在我們的腦子裡，不也正是曲折彎延的腦細胞嗎？

失敗時，你只需要一個正確的想法和積極的行動，只要你能找出扭轉局面的方法，失敗就會是成功的另一個開始。

世界上永遠沒有過時的東西

自然裡的規則本就相通，沒有任何物件會是過時的，包括思維在內，所以，只要你能想得出來，就一定能做到。

俄國作家克雷洛夫曾說：「有天分而不持續運用，天分一定會消退。如果你不掌握向前邁進的速度，那麼你將在慢性的腐朽中逐漸衰滅。」

確實如此，唯有經常動動腦，認眞開發自己的天分，才會被這個日新月異的社會淘汰。

大多數人在汰舊換新時，總是以丟棄爲方法，其實，倘若我們能動一動腦，因應時代所需，把自己用心思考出來的創意加入，舊東西一定能成新產品。

在這個不景氣的年代，如果你想出人頭地，就必須調整一成不變的思考模式，用積極的想法取代消極的看法，如此才能替自己創造更多價值。

日本企業家西村金助，年輕時很愛看書，又愛動腦。

有一天，他偶然間閱讀了一本創造力方面的書，作者在書裡說了一段話：「世界上永遠沒有所謂過時的東西，比如馬匹，雖然牠們喪失了原本的運輸的功能，但是，後來又以賽馬的娛樂面貌出現。」

閱讀到這段話，西村深深受到啟發，心裡不斷想著：「在我的生活周遭，還有什麼過時的東西，能賦予新的功能呢？」

某天，他到一位朋友家拜訪，發現客廳擺著一個舊沙漏。朋友告訴他，這本來是家裡的計時工具，但是自從有了鐘錶之後，這個沙漏就被淘汰了。

後來，他看見朋友一邊打電話，一邊不時地看著手錶，這個情況，讓他心中頓時有了靈感。

他心裡想：「為什麼不用沙漏來限時呢？如果能夠做個限時三分鐘的沙漏，把它放在電話機旁，這樣一來不就可以輕鬆地控制自己的通話時間了嗎？」

於是，西村金助回家後馬上開始進行「限時沙漏」的設計，他在沙漏兩端嵌上一個精緻的小木板，再接上一個銅鏈，然後用螺絲釘固定在電話機旁。

如此一來，不打電話時，沙漏可以作為裝飾品，撥打電話時，便是一個方便的計時器。

沒想到過時的沙漏，經過西村一番改造，竟巧妙地變成計時器，一上市便銷售一空，平均每個月可銷售三萬個左右。

投資專家邱永漢曾經寫道：「從事任何事業，除了必須具備八〇％的商業知識之外，尚須具備二〇％的獨特創意。」

對於一個懂得發揮創意的人來說，除了「創意來自生活」的名言外，還有一句話也是他們尋找創意的重點，那是「世上永遠沒有過時的東西」，西村金助設計的沙漏計時器便是最好的例子。

從電視節目中、或報章雜誌裡，我們經常會發現，許多被丟棄了的事物，總是能在充滿創意的人手中重新賦予新生命，這不只是物件本身的重生，也是一種惜福觀念的建立。

自然裡的規則本就相通，沒有任何物件會是過時的，包括思維在內，所以，只要你能想得出來，就一定能做到。

別用「衝突」解決問題

思維轉了個彎，玩了點心理戰術，花了點時間和技巧溝通，既沒有衝突的危機，又輕鬆杜絕了麻煩。

爲人處世最重要的一件事是「放下自己」。有了體貼的心，才能贏得人心，誠如法國作家昂蘇爾．瑪珂里所說的：「只有肯定別人的價值，別人才會對你有恰當的評價。」

在溝通解決問題時，沒有什麼事不能避開鋒刃、衝突的，只要我們詳加思考，任何事一定都有突破與解決的方法。

從事寫作的喬治和妻子為了遠離塵囂，找了很久的房子，終於找到他們理想的居住環境。

那是一個非常安靜的郊區住宅，於是他們毫不猶豫地便買了下來。

這裡的環境真的很不錯，不僅屋前的庭院有花園草坪，後面還有一片美麗的小樹林，最重要的是這裡很安靜，這對喬治來說，是個再好不過的寫作處所。

然而，有一天，這個安靜的天地，卻被樹林裡傳來的陣陣鼓聲、笛聲，以及小號聲給攪亂了，刺耳的聲音就像正在舉行一場露天演奏會。

喬治的妻子很不高興，循著聲音來到小樹林裡，發現那裡有幾個孩子正在練習樂隊演奏。

她很不客氣地請他們離開，但是卻被他們拒絕：「我們為什麼要離開？」孩子們翻了翻白眼，態度非常堅決，使得喬治的妻子無功而返。

第二天，這群孩子又來到樹林裡練習演奏，這次換成喬治前去和他們溝通。

喬治神情愉快地：「小夥子，你們演奏得很不錯喔！」

孩子們聽了都很高興。

喬治接著說：「我也是個喜愛音樂的人，不如這樣，你們每天都來這裡演奏，我會付給你們報酬的。」

「你會給我們多少錢？」其中一個大一點的孩子急切地問。

「每次二十美元，可以嗎？」喬治說。

此後，一連幾天，這群孩子天天都會出現，而且演奏時都顯得相當賣力，似乎想以更大的噪音來賺取那二十美元。

但是，到了第五天，喬治卻裝出一副可憐的神情，對這些孩子說：「對不起，這幾天我的股票跌得慘兮兮，虧損了許多錢，現在我最多只能給你們五美元，不知道可不可以？」

這下子，所有的孩子都非常氣憤，其中年紀大一點的那個孩子更是氣得漲紅了臉，大聲地說：「哼！你休想只用五美元就要我們為你服務，我們可不是傻瓜，才不會做如此愚蠢的事情！」只見這個大孩子迅速地指揮樂隊撤離樹林，從此，喬治夫婦又回復安靜的生活了。

這是一個非常有趣的解決方法，喬治猜透孩子們的逆反心理，因此順利解決了惱人的問題。

大多數人都習慣以自我爲中心，互動過程中往往忽略了從對方的立場理解事情，也忽略了對方內心潛在的需求。

從喬治夫婦兩個人不同的處理方式中，我們可以很清楚地發現，衝突並不是解決問題最好的方法。

他的太太用直接的方法來解決問題，但是不僅無法解決事情，反而增加了彼此的衝突。喬治的方法則高明多了，思維轉了個彎，玩了點心理戰術，花了點時間和技巧溝通，既沒有衝突的危機，又輕鬆杜絕了麻煩。

不要讓生活有生鏽的機會

生活中最快樂享受的事，不是事業上的成就或財富的累積，
而是了解生命的價值，且積極地享受生活的樂趣。

法國思想家盧梭曾經說過：「外表裝飾的華麗可以顯示出一個人的富有，舉止的優雅可以顯示出一個人的趣味，但是，一個人是否幸福快樂，則應該由另外的標誌來識別。」

無論我們的生命狀態如何，只要生命尚未結束，我們都要用最積極的態度面對人生、享受人生。

一九八一年，美國第四十八屆總統大選中，五十七歲的卡特被共和黨的雷根擊敗，一時間，卡特感到有些茫然不知所措。

雖然他的退休年薪，足夠他安享晚年，但是卡特卻不想如此虛度，很快地，他重新振作，將生命的活力投注在木匠生活中。

他開始爬上屋頂，為窮人們整修房屋，還親手製作桌椅、板凳來餽贈親友，手藝一點也不比巧匠遜色。

不久，種花生出身的卡特在亞特蘭大創建了卡特中心，提供窮苦人家各種服務，例如免費的醫療服務，或是治蟲救災，還傳授農作物技術，讓他們學會一技之長。

此外，卡特也投入國際事務，經常擔任總統特使，奔走於中東地區，最後榮獲諾貝爾和平獎。

他在《晚年的優勢》一書中寫道：「把這幾年和我擔任公職期間相比，我從總統職位上退下來後的成就更大，日子也比當總統時活得更自在。」

書中，他還給讀者一個建議：「不要把物質財富視為衡量成功與失敗的標準，有許多我們看不到的東西，其實都要比物質財富更加重要。這些看不到的重要東西就是：正義、謙和、奉獻、寬容、同情和愛心……這些才是衡量生活的重要標準。」

連後來卸下美國總統一職的柯林頓，面對自己的「下台」生活時，也這麼對記者表示：「卡特總統是一個很好的榜樣，希望在離職後，我不會成為一顆生鏽的釘子。」

從未停止追求、勞動和奉獻的卡特，不僅讓晚年的生活更加充實豐富，更讓他的人生變得更加完整、美麗。

我們經常看見許多人，在生命的尾聲中不斷地增亮生命餘光，他們不僅積極學習，也更勇於突破自己，歷經了大半人生，他們一點也不願意生命就這麼草草地結束。

他們其實和卡特一樣，對自己都有著相同積極而樂觀的期許：「不要讓生活生鏽了！」

曾經有位八十幾歲的老奶奶如此說道：「年紀都這麼大了，如果還老是顧慮那麼多，那活著還有什麼意思？都這麼老了，如果不好好把握住現在，還能把握住什麼？」

這位老奶奶便在家人的支持下，不僅前進北極，還曾到亞馬遜河探險，這樣的活力和精神相當動人，更讓一向自負年輕的我們相形見絀。

從卡特的人生體悟中，我們明白，原來生活中最快樂、最享受的事，不是事業上的成就或財富的累積，而是了解自己生命的價值，並且積極地享受來自生活的各種樂趣。

選擇生命中真正需要的

每個人都有自己的價值觀念，什麼才是我們真正需要的？全都決定在我們現在對生命與生活的選擇。

星雲大師曾說：「無病是最大的利益。」

看看身邊的那些老人家，當你同時看見一個渾身是病的可憐老人，與一個依然健步如飛的老人時，在你心中，除了比較後產生的同情外，從中是否也得到了一些啟發？

在湯普森急救中心的大廳裡，掛著這樣一句話：「你的身軀龐大，但你生命中真正需要的僅僅是一顆心臟。」

這句話是美國好萊塢影星里奧．羅斯頓留下的名言，那年他在英國演出時，因為心肌衰竭而被送進這家醫院，搶救他的醫生們雖然用了最先進的醫療配備，但最後仍然沒能挽回他的性命。

臨終時，他不斷地喃喃自語，說的正是這句話。

巨星隕落，這家醫院的院長、胸腔外科專家哈登也非常傷心，當他聽見羅斯頓的這段遺言時，便決定把他刻印下來，並放在醫院裡最醒目的地方，希望能讓後人有所啟發。

羅斯頓去世的第四十年，美國的石油大亨默爾也因病住進了這家醫院，而他患的也是心肌衰竭。

不過，他的運氣比羅斯頓好，一個月之後，他終於病癒出院了。

但是，出院後的他卻沒有回到美國，繼續經營他如日中天的石油生意，而是賣掉了自己的公司，來到蘇格蘭的一間鄉下別墅，過著平淡的生活。

有一年，默爾參加湯普森醫院的百年慶典時，有位記者問他：「當年您為什麼要賣掉如日中天的公司？」

默爾微笑地指著大樓上的那句話：「是里奧．羅斯頓提醒了我。」

之後，默爾在他的傳記裡解釋：「巨富和肥胖並沒有什麼兩樣，它們一樣都是讓人獲得超過自己需要的東西罷了。」

原來，默爾由肥胖聯想到了巨富，頗有見地的他，不僅看見了多餘脂肪壓迫心臟的可怕，更看見了多餘的財富將拖累心靈的可能。

悟性頗高的默爾，其實眞正要告訴我們的是：「如果你想活得健康一點、自在一點，你必須把巨富和肥胖都捨棄。」

忙碌追求財富的現代人，經常因爲太過忙碌而忽略了正確的飲食態度，於是我們不斷地聽到或看到，許多辛苦大半輩子的人雖然財富豐收，在豐收的同時，卻也讓財富回收了他們的健康與生命。

每個人都有自己的價值觀念，然而看著故事中驟然病逝的羅斯頓遺言，我們是否可以想想，什麼才是我們眞正需要的？是融洽的親情、健康的笑容，還是你寧願渾身疲態地坐在金銀珠寶中？

我們出生不是爲了與人競爭或追逐物質，因爲再多的競爭始終都爭不過生命的消耗速度，再多的物質追逐最後也要化爲烏有，然後，我們也將變成被青春拒絕的老人。

只是，最後的結果是健步如飛，還是躺在床上奄奄一息，全都決定在我們現在對生命與生活的選擇。

在工作中發現快樂的元素

改變自己的工作態度，不再心生埋怨，每天出門時不忘記帶上笑容，我們自然而然會感受，甚至營造出歡樂的工作氣氛。

生活是否能過得快樂，向來只有我們自己的心態才能決定；而工作是否能充滿愉快氣氛，向來也只有靠我們自己營造。

「終生成就獎」是日本國家級的大獎之一，然而，相較於其他重要獎項，對一向把榮譽看得比自己生命更為重要的日本人來說，這項獎座更是人人夢寐以求的，只是想得到這項殊榮並不是件容易的事。

許多日本社會中的精英，一輩子都以「終生成就獎」為努力奮鬥的目標。正因為有如此鍥而不捨的精神與明確目標，我們才能不斷地看見，專心而專業的日本人，不僅為自己創造出非凡的成就，更因為他們突出而卓越的專業技能，讓世界各國都忍不住要說：「還是日本的品質好！」

有一次，在舉國上下都引頸期待與矚目的氣氛中，新的「終生成就獎」名單再次出爐了。但是，這次的得獎人卻令許多人跌破眼鏡，因為他們竟然頒給一位名叫清水龜之助的郵務士。

資料顯示，清水龜之助是東京的一位普通郵務士，每天的工作只是將各地收集來的郵件，正確無誤地迅速送到每一位收件者的手中。

正因為這項工作看起來相當平凡，沒什麼挑戰性與突破空間，和那些長期推動人類發展的科技專家們，實在差距太大了。

於是，有人質疑：「那個清水龜之助所從事的工作，根本是微不足道啊！」

不久，頒獎人終於說出了清水龜之助得獎的原因：「沒錯，清水龜之助的這份工作確實微不足道，甚至可說是平淡無奇。然而，清水龜之助能夠獲得這個獎項的原因和過去所有的得獎人一樣，絕無爭議。」

這時其中一位評審站了起來，對著鏡頭說：「因為，他從第一天工作開始到今天，那份認真與執著始終如一，在他手中送出的郵件已經有億萬件。」

頒獎人點了點頭，接著說：「更重要的是，這億萬份的郵件全都安全無誤地抵達收件者的手中，他從來沒有出現過任何差錯，即使遇到了狂風暴雨或酷暑嚴冬，他都從未請過一天病假，甚至在幾年前發生大地震的那天，他還是堅守著自己的任務，將手中的郵件全部一一送到收件者的手裡。」

聽完評審們的這番解說，大家全都忍不住起身鼓掌，而所有人也終於明白這個獎項的真正意義了。

有人曾經問清水龜之助：「面對這樣平淡的工作，為什麼你能做得那樣開心，還能數十年如一日地做好它？」

只見清水龜之助微笑地說：「會平淡乏味嗎？不會啊！我每天都過得很快樂啊！我每天從工作中得到的快樂可多著呢！你知道嗎？每當人們接到遠方親友寄來的信時，臉上那份發自內心的快樂和欣喜表情，實在相當動人。為了天天都能看見這些快樂而美麗的表情，我當然要更加努力囉！」

看見清水龜之助能如此快樂地工作，相信羨煞了不少人吧！

或許，你也很想和清水龜之助一樣，擁有如此快樂的工作氣氛呢？

從清水龜之助的工作態度中，我們明白，原來生活不會有平淡的時候，一切的平淡滋味，其實是源自於我們對工作漠視，因為不懂得從工作中發現樂趣與價值，所以才無法像清水龜之助那般，盡情地享受工作中的樂趣。

希望工作充滿快樂一點也不難，只要我們能改變自己的工作態度，不再心生埋怨，每天出門時不忘記帶上笑容，那麼我們自然而然會感受，甚至是營造出歡樂的工作氣氛了。

正在工作崗位上忙碌的你，從清水龜之助的工作態度中，是否也看見了工作中的快樂元素呢？

別用兩塊錢賣掉你的快樂

丟掉生活中的負面情緒，或許並不是件容易的事，但是，如果你能開心地笑，又何必老是哭喪著臉呢？

得與失之間，本來就很難取捨，大多數人容易陷於外在事物的牽絆，忘了喜怒哀樂的操控者是自己，因此才會天天被外在事物激怒情緒，帶著負面的情緒，過著自己都忍受不了的煎熬。

羅森之所以能天天都快樂地生活，全靠他懂得如何解決生活中負面情緒。

他在一家夜總會裡吹薩克斯風，收入並不高，但是他仍舊開心的工作，每天笑臉迎人，對任何事都非常樂觀。

羅森很愛車子，但是以他的收入，不知道要等到什麼時候才可能實現自己的購車美夢。因此，和朋友坐車出去兜風時，他總是羨慕地說：「啊，要是我有一部車就好了！」

有人開玩笑地對他說：「你去買彩券，中了大獎不就有車了嗎？」

有一天，羅森經過商店，看到許多人正在買彩券，於是也跟著買了張兩塊錢的彩券。沒想到，羅森真的中了大獎了！這下子，他終於實現夢想了，領了獎金，馬上便買下了一輛車子，天天開著車兜風。

喜歡把車子擦得光亮的羅森，總是快樂地吹著口哨行駛。

但是，羅森的開心日子並沒持續多久，有一天他把車子停在夜總會樓下，沒想到半小時之後竟然不見了。

朋友們聽到消息，想到他愛車如命，幾十萬買來的車子一眨眼工夫就沒了，非常擔心他受不了刺激，紛紛前來安慰他。

「千萬別太傷心啊！車子丟了，就算了！下次再去試試手氣，說不定會再中大獎，到時候就可以再買一輛了。」

沒想到羅森聽完忽然大笑一聲：「哈，我為什麼要悲傷啊？」

朋友們完全搞不清楚情況，互相疑惑地對望著。

「如果你們不小心丟了兩塊錢，會很難過嗎？」羅森問道。

「不會啊！」有人回答說。

「那不就得了，我只是丟了兩塊錢，為什麼要悲傷啊！」羅森笑著說。

安慰別人的時候，我們經常這麼說：「看開點！」

的確，想要過幸福快樂的日子，秘訣就是「看開點」。

丟掉生活中的負面情緒，或許並不是件容易的事，但是，如果你能開心地笑，又何必老是哭喪著臉呢？

羅森的生活哲思，正是一種認識挫折，並且解決無謂煩惱的大智慧。

換個角度想，事情都已成了定局，有必要這麼痛苦嗎？仔細讀一讀羅森的故事，從他的生活禪裡，你一定能發現一輛車和兩塊錢的微妙關係。

改變心境就能看到人生遠景

英國辭典編撰作家塞繆爾·約翰遜博士說：「能看到每一件事的美好方面，這個習慣，比一年收入一千磅還要讓你受益良多。」

我們的性格、外貌、行爲，其實都是由思想支配。一個人身體是否健康和諧，面貌是否亮麗動人，能不能積極樂觀地成就一番志業，都與思想息息相關。

有些人懂得這層道理，陷入愁苦的逆境時，便藉著改變想法來修練自己，結果往往能使自己的心境大幅改變。

有一個結婚不久的年輕人，有一天，相當苦惱地前去請教著名的化學家居里夫人關於婚姻方面的問題。

他說：「我在結婚之前，一直憧憬著愛情的浪漫美妙，誰知結婚不久，就感覺婚姻生活竟是那麼瑣碎無趣，妳在婚姻生活和工作方面都很成功，能不能將妳的秘訣告訴我？」

居里夫人回答說：「如果你試著讓生活多一點想像，那麼，你就會從中獲得許多新的樂趣。」

這為年輕人大惑不解，質疑道：「可是，想像畢竟只是想像，人無法一直活在想像之中。」

居里夫人笑著說：「當然，不過只要你試著去想像生活美好的一面，想像就會變成事實。」

人的心境改變之後，容貌也會跟著改變。我們常常可以見到，有的人不久之前臉上還刻劃著懷疑、恐懼、煩悶、不安、憤怒……等等痕跡，短時間之內竟然變得充滿自信，顯得安詳、愉快，這就是改變心境所帶來的神奇效果。

事實上，我們都體驗過心靈更新的經驗，只是不曾多加留意罷了。

譬如，當我們心情沮喪頹廢，感覺周遭一切都顯得黑暗、慘淡的時候，假使有種幸福的感覺突然降臨，或者某位睽違已久的知心好友突然來訪，或者在山野間漫步，驀然見了一幕令人目眩心迷的景色，那麼，一切的精神創傷，就會被那種新生的情緒完全治癒。

這種心靈的更新作用，會在剎那間滌淨我們胸臆間積蘊的一切塵垢，放射出歡愉、幸福、動人的光彩，進而使我們對生命的看法有了不同層次的認知與感受。

英國辭典編撰作家塞繆爾．約翰遜博士說：「能看到每一件事的美好方面，這個習慣，比一年收入一千磅還要讓你受益良多。」

改變心境就能撥開陰霾，看到人生的亮麗遠景。就像居里夫人所說的，試著去想像生活美好的一面，然後努力使想像變成事實，那麼，你就會從中獲得許多新的樂趣。

如此一來，盤據我們心中的煩悶、恐懼等等負面思想，就會在心靈的更新作用下全部消滅。

放下包袱才能輕鬆上路

放下該放下的，也丟開不必要的擔心吧！輕裝上路，你才能快樂前進，也才有足夠的力氣與空間，容納沿途發現的珍寶。

法國文豪巴爾札克曾說：「追求心靈享受的人，應該是行李越輕越好。」

的確，如果追求過多，並且斤斤計較得失與否，就會讓自己的「心靈行李」越沉重，也就越會讓自己舉步維艱，陷入痛苦的深淵。

在人生各個階段中，定期解開你身心上的「包袱」，才能隨時找到減輕壓力、負擔的方法。

有一年，英國著名作家理查．賴德和一群好友相約，準備到東非去探險。抵達目的地時，他們這時才知道，東非正逢乾旱，氣候酷熱難耐，這套旅程恐怕會比想像中的還要艱辛、漫長。

為了生活上的方便，與安全地抵達目的地，理查在出發前，追加了許多生活用品。看著滿滿的物品，理查對自己如此周全的準備相當滿意，因而對朋友們說：「對於這次的旅程，我已經做好充分的準備了。」

只見，理查和友人們背起了大小行囊，來到了東非的一個小村子，並尋找這次探險的導遊。

不久，當地的酋長帶來了一名經驗豐富的村民。

出發前，他們依照慣例，請導遊檢查他們的裝備是否齊全。

然而，就在檢視理查的行囊時，導遊突然停下動作，轉身問道：「理查先生，你認為，你有必要帶這麼多沉重的東西嗎？你認為，這些東西能為你帶來安全和快樂嗎？」

理查聽見時，忽然楞住了。

看著塞爆物品的背包，剛剛背著它走路，確實是件沉重的負擔，未來還有好長的一段路要走，肯定會更加辛苦。

為此而陷入沉思中的理查，忽然想到：「背著這麼多的東西上路，真的有必要嗎？這些東西真的都是必要的嗎？背著這麼多的東西，會讓我的旅途充滿快樂嗎？」

於是，理查再次整理他的背包，更發現背包裡的東西的確有很多是非必要的，只是理查似乎有點遲疑，導遊見狀忍不住又說：「輕裝上路吧！」

理查一聽，笑著點了點頭，他將所有不必要的東西全拿了出來，贈送給當地的村民，一下子讓原本沉重的背包縮小許多，當然也變輕了許多，而他也發現，自己在情緒上似乎也有了小小的變化，那是一種卸去重擔的快感，減少束縛的自在感。

少了負重前行的疲累和煩惱，這趟旅途對理查來說，無疑是全新的體驗，因為輕裝前進而變得輕鬆愉快，雖然氣候酷熱，心情卻滿是喜悅，觸目所及更是處處皆趣味盎然。

而理查也深刻地體悟到：「生命裡填塞的東西愈少，就愈能發揮潛能。」

因爲「擔心」，我們總是不斷地給自己不必要的壓力，也因爲「放不下」，讓我們經常背負著不必要的沉重包袱，這些都是拖累我們生活步伐的重要原因，也是阻礙我們思維靈活變通的主要原因。

「你快樂嗎？」當故事中傳遞出這樣的疑問時，你是否也忍不住重新審視著自己，發現自己看見了什麼問題？

你是否也和導遊一樣有著相同的反思：「身上背負著那樣沉重的包袱，怎麼能輕盈前進，享受旅途中的美麗呢？」

放下該放下的，也丟開不必要的擔心吧！輕裝上路，你才能快樂前進，更重要的是，你也才有足夠的力氣與空間，容納沿途發現的珍寶。

PART 2

別提前宣判
自己死刑

看一看外面的世界，你會發現，原來有人比你更加悲慘，但他們都能走過來了，你又有何不能？

再失意，也別失去意志力

生命的活力與生活的積極，才是人生的真正意義。不管人生再怎麼失意，也別讓自己失去自主的生活能力。

大多數人在失意時，最容易迷失自己。既失去了堅強的意志，也早早放棄了自己，更會對週遭的事物漠不關心，即便是地上的小圖釘扎到了腳，他們恐怕一點感覺也沒有吧！

失業中的賈庫．拉裴薩托，為了想儘快找到養家活口的工作，每天都非常辛苦地四處奔走。

這天，賈庫鼓起勇氣來到一家銀行，詢問是否有工作機會，但接待人員的態度非常冷淡，看了看賈庫帶來的個人資料後，什麼話也沒說，就叫他離開接待室。

賈庫心想，希望恐怕又要落空了，已經找工作找得心灰意冷的他，只好失魂落魄地朝著銀行大門走去。

當他準備跨出大門時，發現有枚大頭針正好掉落在地上，覺得這對進出的人員很危險，於是，立即彎下腰把大頭針撿了起來，並隨手將它丟進了垃圾桶，這才帶著黯然的神情離開。

但是，賈庫萬萬沒有想到，當他彎腰拾起大頭針時，正巧被剛進門的銀行董事長看見了。董事長心想，這麼細心的人非常適合當銀行職員，當他從接待人員那裡得知，這個年輕人是來求職的之後，決定破例錄用賈庫。

當賈庫收到銀行的錄取通知書時，還不敢相信這是真的。

開心的賈庫進入金融界後，非常忠於職守，工作仔細而認真，也深得上司的賞識。過了幾年，這個出身低微的小職員，還坐上了銀行總裁的寶座。

或許你會認爲，彎個腰撿起地上的大頭針這樣的小動作，只不過是體貼別人的行爲，並不算什麼實力或特殊能力，賈庫又有什麼值得大書特書的呢？

賈庫值得讚許是因爲，即使人生再失意，他也沒有讓自己失去自主的生活能力，他仍然能看見生活裡的小細節，懂得關懷別人，彎腰這個小動作所表現出來的，正是他堅強的意志力。

生命的活力與生活的積極，才是人生的眞正意義，如果你連小小的大頭針也懶得彎腰拾起，或視而不見的話，又如何能將自己規劃好的未來，仔細且按部就班地實現呢？

你的命運交響曲由你來指揮

人的命運是可以改變的，隨著客觀環境的變化，隨著個人的主觀努力，你也可以親自指揮一場動聽的命運交響樂。

當一個人對生命感到徬徨無助，而伸出手心，請人算命之時，其實正代表著他失去了對自己生命的掌控權。

很多人相信命運，但卻不了解什麼是命運？

已故的日本歷史作家司馬遼太郎提出一個觀點：所謂的命運，事實上就是運行不止的生命；命運不是既定的宿命，而是隨時都在變動的人生流程。看待命運的態度不同，人生自然會有迥然不同的發展。

貝多芬是備受推崇的世界級音樂大師，然而他的音樂之路與輝煌成就，卻始終與不幸結伴而行。

法國文豪羅曼羅蘭在《貝多芬傳》裡描述，童年時代的貝多芬，不僅沒有得到母愛，更鮮少能有機會飽餐一頓。

到了青年時代，貝多芬的日子依然過得非常清貧，也得不到愛人的垂青。二十六歲那年，更遭遇了生命中最嚴重的打擊。

那時的貝多芬，正值黃金時期，因為他的音樂天分開始受到矚目，但不幸的是，他竟然罹患了中耳炎，聽力開始急遽減退。

身為一個音樂家，喪失了聽覺，可說是件生不如死的打擊。

當時，貝多芬曾經難過地對友人說：「當身邊的人能聽見遠處的笛聲，而我卻聽不見時，這是件多麼痛苦的事！」

為了不讓人們發現自己耳聾，貝多芬從此不再參與任何社交活動，獨自躲進一個寂靜的世界。然而，殘酷的命運並沒有讓貝多芬消沉，反而激發他的旺盛鬥志，在音樂創作的領域中加倍努力。

在耳朵發生嚴重聽覺障礙後的五年內，貝多芬陸續創作出包括〈第一交響曲〉等幾十首著名的樂曲。

隨著耳聾的情況越來越嚴重，貝多芬的創作天分反而進入了全盛期。

在這段期間內，貝多芬創作了大量優秀的作品，例如第三和第八交響樂章、第四和第五鋼琴協奏曲，以及〈黎明〉和〈熱情〉……等著名的鋼琴演奏曲，為音樂世界開闢了一個嶄新的時代。

完全失去聽覺後，貝多芬仍然繼續著音樂創作與指揮排練。

為了能準確知道鋼琴的演奏情況，他準備了一根細棒倚在鋼琴上，另一端則用嘴咬住，如此一來，琴弦的振動便會傳到棒子，再由齒骨傳到內耳，那麼他便能準確判斷音律是否正確。

完全耳聾的貝多芬，透過音樂生動地表現他扼住命運咽喉的吶喊，創作出不朽的〈命運交響曲〉。

德國哲學大師恩格斯聽到這首命運交響曲時，內心非常激賞，他在寫給妹妹的一封信中說道：「我敢保證，妳一輩子也沒有聽過這樣震撼心弦的交響樂曲，〈命運交響曲〉每一樂章都清楚展現了動人的生命面貌，似乎貝多芬的一生全都寫在這個交響樂中了。」

追溯許多不平凡人物的生平，沒有一個不是從最平凡時出發，爲什麼他們能成爲不平凡的人？

因爲，他們知道命運不是宿命的輪迴，而是隨著自己的心境而變動的，生命不是既定的流程，而是操控在你手上的方向盤，你想往什麼方向去，人生的道路便會朝著那個方向延伸。

貝多芬努力用他的雙手，創造他的人生，也許宿命論者會說，這是他「時來運轉」，但他的成功眞的只是幸運而已嗎？沒有不斷的自我超越和剛毅不撓的堅強鬥志，他又如何能成爲人人景仰的「樂聖」？

人的命運是可以改變的，隨著客觀環境的變化，隨著個人的主觀努力，你也可以親自指揮一場動聽的命運交響樂。

逆境，正是通往成功的階梯

人生是自己的，唯有你才能掌控自己的命運，只要肯努力，我們所跨出的每一個步伐，一定都能邁向成功的目標。

經濟學家約翰．凱曾說：「競爭的優勢，並不在於你能做別人已經做得很好的事情，而是你能做到別人做不了的事情。」

每個人身上都有兩種力量，一種是向上躍昇的創造力，使人面對逆境的時候，仍然咬緊牙關勇往直前。

另一種則是向下拖陷的破壞力，使人遭遇困境時放棄自己，墮落成一個可有可無的卑微人物。

美國總統亨利．威爾遜，出生在一個很貧困的家庭。

雖然，他的父母親都非常努力的工作，但一家人的生活，卻總是處在衣食匱乏的情況下。

十歲的時候，威爾遜離開了家鄉，到外地當了十一年的學徒。在當學徒的期間，每年他只有一個月的時間可以上課學習，儘管機會不多，但每一次學習的機會他都非常珍惜、努力。

經歷了十一年的學徒生活後，在他離職前，老闆送了一頭牛和六隻綿羊給他，作為十一年來的報酬，後來威爾遜便把牠們換成八十四塊美元。

威爾遜把辛苦賺來的每一塊錢都存了下來，從來沒有花費任何一毛錢享樂。對他而言，生活像是拖著疲憊的腳步，在漫無盡頭的崎嶇山路上行走，但是他知道，只要自己肯努力，總有苦盡甘來的一天。

二十一歲時，威爾遜帶領著一隊伐木工人，來到人跡罕至的森林裡，替業主砍伐樹木。

每天清晨，他都得在第一道曙光出現之前來到樹林，然後勤奮地工作，直到天黑為止。

如此日以繼夜地辛苦工作，他總共才獲得了六塊美元的微薄報酬，但這對他來說，已經是一筆大數目了。

在這麼窮困的環境中，威爾遜從不灰心洩氣，他下定決心，絕對不讓任何學習或提升自我的機會溜走，因此，所有零碎的時間都被他化整為零，緊緊捉住。

一有時間，他便不斷地充實自己，提升自己的能力，隨時準備迎接即將出現的任何機會。

生活的種種痛苦與磨難，是人生擺脫貧窮，走向富足的契機。

逆境對威爾遜而言，正是他成功的階梯，生活再艱困，都無法阻擋他掌握自己命運的信心，因此，他珍惜自己靠勞力賺來的微薄金錢，也懂得運用寶貴時間努力充實自己。

威爾遜從窮家子弟爬升到總統的位置，無疑告訴我們：人生是自己的，唯有你才能掌控自己的命運，只要肯努力，我們所跨出的每一個步伐，一定都能邁向成功的目標。

作家戴特立曾經寫道：「把黃昏當成黎明，時間就會源源而來，把吃苦當作吃補，成功就會不斷湧現。」

一步一步往自己設定的目標前進，如此，每一步都能創造奇蹟！

不要畏懼前面的道路有什麼艱難，多給自己多一點信心和勇氣，展開實際行動，永遠比一大堆紙上作業重要。

別提前宣判自己死刑

看一看外面的世界，你會發現，原來有人比你更加悲慘，但他們都能走過來了，你又有何不能？

英國詩人布萊克曾經寫道：「只要你願意停止抱怨，就不用擦拭悔恨的眼淚，一旦你繼續抱怨，就永遠也擦不完那些傷心的眼淚。」

遇到不如意的事情，與其整天抱怨，不如試著改變自己。一味抱怨並無法改變既成的事實，唯有拋開心裡的負面情緒，試著改變，才有可能扭轉局面。

身陷逆境的時候，別提前宣判自己死刑。

應該讓自己的心境保持平靜，讓自己的頭腦保持清醒，如此才不會被負面情緒侵噬，也才能看清成功的機會，不致於淪爲卑微猥瑣的人。

一個又一個接踵而至的意外，令波特遭受到前所未有的打擊，由他一手創辦的工廠，最後也宣告破產了。窮困潦倒的波特不但身無分文，還欠了一屁股債，更現實的是，自從陷入困境以後，許多朋友都紛紛離他遠去。

一直把事業視為生命的波特，覺得人生所有的希望都破滅了，對於生活也失去了動力。

心灰意冷的他，決定要以死亡做為了結。但是，在結束一切之前，他卻想完成一趟旅遊。

選定自殺日期後，波特便開始了這趟「自殺之旅」。然而，當他來到薩倫船舶博物館參觀時，忽然從灰暗的情緒中醒悟，決定放棄自殺的念頭。

為什麼會有這麼大的轉變呢？

原來，波特在船舶博物館裡，看到一艘外殼凹凸不平、船體完全變形的帆船，心中產生了激勵作用。

他讀著一旁的解說文字，才明瞭這是一艘屬於荷蘭福勒船舶公司的帆船，它在一八九四年下水後，不僅在大西洋上經歷了一百三十八次的冰山撞擊，還觸礁了一百一十六次，而且還曾經著火十三次，遇上二十七次的暴風雨。

雖然，它經歷了這麼多不可思議的險境，但卻沒有沉沒，依然呈現在人們的眼前，展示它另一番生命的韌性。

仔細讀著這些紀錄，波特的心中激起了振奮，他對自己說：「生活本來就會遇到許多意想不到的災難，我才剛遇到人生的第一趟災難，怎麼能這麼快就被擊垮了？我一定要堅持下去，重新再站起來，我一定能再創成功的奇蹟！」

回到家後，波特重振旗鼓，開始嶄新的人生與事業。

幾年後，波特面對卓然有成的工廠，感性地對著旗下上千名員工說：「人生就像大海中航行的船，難免會遇到風浪，只要我們能在逆境中堅持，不斷開拓前進，成功一定是我們的。」

沒有什麼事比動不動就要自殺更加愚蠢的了。

每個人的生命旅程都會遭遇困境，遇到難題時，只知道坐以待斃，不肯找出解決的方法，這是最不值得同情的行爲。

自殺，充其量只是一種逃避行爲，完全不是解決的方法。

近來，許多人因爲失業，因爲生活的壓力，紛紛把自己與世隔離，自陷於封閉思維中，或是親手掐著自己的脖子，卻又露出哀求的眼神，要別人爲他解開。但是，自己都不肯幫自己了，旁觀者要怎麼幫忙？

就算有人願意伸出援手，但是，架在脖子上的雙手，往往越掐越緊。

天助自助者，當你悶得透不過氣時，出去走走吧！

看一看外面的世界，你會發現，原來有人比你更加悲慘，但他們都能走過來了，你又有何不能？

試著把缺點變賣點

不要老是為了一些芝麻小事動氣，事情都已經發生了，不如動腦想想有何解決之道，或是如何將妥善運用，將缺點變成賣點。

許多名人的成功事蹟中，機遇往往扮演著相當重要的角色。人的一生當中會有許多機遇降臨，只不過，由於機遇通常是由諸多複雜因素交織而成的，所以，不少人在機遇降臨的剎那卻仍然懵懂無知，白白錯失了成功的機會。

鴻池是日本著名的清酒製造商，然而，他剛開始經商時，只不過是個奔走於大阪和東京間的小商人。據說他之所以能從一個小商販，一舉成為大富豪，有著這麼一段陰錯陽差的傳奇故事。

有一天，鴻池來到酒坊視察工人們的工作情況，沒想到卻發現有個工人正在偷喝米酒，於是他走上前去，狠狠地責罵了這個工人一頓，還了扣他半個月的工錢。但是，這個工人一點也不認為自己有錯，還辯稱他是要試嚐新釀米酒的滋味，老闆實在沒有理由罰扣他的工錢。

鴻池看著這個員工強詞奪理的態度和反應，心想：「這傢伙這麼不老實，不宜讓他繼續留在這裡幫忙。」

於是，他毫不客氣地叫這個工人收拾東西，立即離開酒坊。

這個與僱主發生摩擦的工人，收到解僱的命令後，心中十分惱怒，心眼狹小的他，臨走前決定要報復鴻池。於是，他抓了一把火爐的灰燼，偷偷地撒進米酒桶中，當報復的動作一完成，便開心而迅速地離開酒坊。

當時，日本生產的米酒帶點混濁，這工人心想，撒進了火爐灰，那麼米酒會更加混濁，肯定賣不出去了。但是，事情卻出乎意料之外，隔天鴻池來到放置米酒桶的工作坊查看，卻發現一件從來沒有見過的事。

原來，火爐灰已經沉到了酒桶底部，而在沉澱物上層的米酒，卻變得非常澄清透明。

他知道這一定是離職工人幹的好事，不過當他專注地看著桶裡的清酒時，對於工人蓄意報復的惱怒，已然全拋到九霄雲外。因為，他在轉念間想到，如果能把混濁的米酒變成透明的清酒，一定會非常暢銷。

於是，鴻池立即把爐灰可以澄清酒品的新發現，拿來做開發清酒的研究和實驗。經過多次的改進和試驗，終於發明了一種高效實用的濁酒清化法，他將這個新酒品命名為「日本清酒」。

他還推出這了這麼一個廣告：「喝杯清酒，交個朋友。」

當清酒上市後，消費者的眼睛為之一亮，各家餐館、飯店紛紛大量訂購，大家更把這個「日本清酒」視為宴客時必備的酒品。

這個不甘心被開除的工人肯定沒有想到，這個報復動作，反而幫了鴻池一個大忙，讓他研發出製造清酒的方法而發財致富。

當然，如果鴻池只顧發怒，沒有仔細觀察酒裡的情況，或是沒想到清酒的賣點，那麼他仍然會與發財的機遇擦肩而過。

鴻池發明清酒的故事，無疑告訴我們，應該睜大眼睛看世界，不要老是爲了一些芝麻小事動氣，事情都已經發生了，不如動腦想想有何解決之道，或是如何將妥善運用，將缺點變成賣點。

因爲，也許這將是另一個「弄拙成巧」的奇蹟。

「死纏爛打」是行銷的最高境界

不要害怕熱臉貼冷屁股，只要你能力夠強，死纏爛打堅持下去，即使是最頑強的對手，終有一天也會被你征服。

許多富豪都知道，成功的法則其實很簡單：「只要設定目標死纏爛打，拗到最後，成功就是你的。」

問題是，你的能力夠強，臉皮夠厚，腦袋夠聰明嗎？你能夠毫不在意地看待眼前的失敗挫折嗎？

科爾曾經是一家報社的職員，剛到報社當廣告業務員時，對自己充滿了信心，甚至還向經理提出不要薪水，只從爭取到的廣告費中抽取佣金的建議。

經理聽了這番話，當然立即答應了他的請求。

開始工作之後，他列出了一分長長的名單，準備逐一拜訪這些名單上的重要客戶。不過，其他業務員看見他列出的名單時，全都認為他一定是瘋了，因為他們認為要爭取到這些客戶，簡直是天方夜譚。

開始拜訪這些客戶前，科爾把自己關在房間一天，並站在鏡子前，把名單上的客戶唸了好幾十遍，然後對自己說：「在這個月月底之之前，你們一定全部會向我買廣告的版面。」

接著，他帶著堅定的信心，開始拜訪名單上的客戶。

第一天，他用了各種溝通方法和推銷技巧，與二十個「不可能的」客戶中的三個談成了交易。接下來，兩天內，他又成交了兩筆交易。

很快地，月底的期限已經到了，科爾幾乎大獲全勝，因為有十九個人都搞定了，只剩一個還不願購買他的廣告。

能夠成功說服十九家客戶，對許多人來說已經是非常好的成績了，所有人都非常佩服他，但是，科爾仍不滿足，對於漏失掉的那一位仍不放棄，鍥而不捨地堅持要把最後一個客戶也爭取過來。

第二個月，科爾沒有去發掘新客戶，每天早上他都會前去找那個拒買廣告的客戶。但是，這個商人每天都只回答：「不！」

不過，聰明的科爾每次都假裝沒聽到，然後繼續地勸說，直到將近月底，這個已經連說了三十天「不」的商人，口氣終於緩和了些：「你浪費了一個月的時間，來請我買你的廣告，請問你為何要這樣做？」

科爾說：「我並沒有浪費時間，其實我每天仍在上課！你就是我最好的老師，從你的拒絕之中，我不斷訓練自己，讓自己在逆境中堅持下去。」

那位商人聽完點點頭，笑著對科爾說：「照你這麼說，我也等於在上課，而你就是我的老師。如今，你已經教會了我如何『堅持到底』，對我來說，這比金錢更有價值，為了向你表示我的感激，我就買你的一個廣告版面，當作我付給你的學費。」

容易為眼前的不如意沮喪，是失敗者最常見的弱點。

在攸關勝負的關鍵時刻，擊敗自己的那個人往往不是別人，而是無法當機立斷、患得患失、猶豫不決的自己。

科爾憑著堅持到底的精神達成了目標，其實正是實踐著「死纏爛打」的方法。在生活和事業中，我們往往缺乏這種精神，因而與成功失之交臂。

因此，千萬不要害怕熱臉貼冷屁股，只要你能力夠強，臉皮夠厚，死纏爛打堅持下去，即使是最頑強的對手，終有一天也會被你征服。

運用巧思創造雙贏

只要管理有方，所謂的社會效益與經濟利益就能並存，正如這家觀光飯店的「紀念樹」規劃，兼具了建設與行銷。

我們經常會在許多旅遊區裡，發現缺乏公德心的遊客們，在樹上刻下自己的名字作爲紀念。

但是，怎麼沒有人想到，開闢一個能夠讓遊客們種植紀念樹的區域呢？

這樣，不僅能解決遊客們的破壞行爲，還能建立起人們對自然環境的尊重。

日本鹿兒島有一間著名的觀光飯店，曾經別出心裁地推出「紀念樹」，而使得生意興隆。

這家飯店剛建成時，臨近有一片光禿禿的山坡地，老闆幾經思考與設計後，決定將它規劃成一座小型休閒公園，打算在裡頭種滿花草樹木，以便美化環境。但是，由於工人們的薪資很高，加上整地、植樹也需要一筆資金，因而這項計劃一直被擱置著，遲遲沒有動工。

有一天，這家觀光飯店的西村經理，突然想出了一個不必花錢的妙招。

他在飯店前貼出一張顯目的告示，上面寫著：「親愛的旅客，如果您想在此地留下永久的紀念，可以到後山上，種植一株新婚或旅遊紀念樹，我們只酌收樹苗的成本費。您還可以將自己和親友的姓名，刻在我們免費提供的木牌上，然後立在您親手種植的樹苗身旁，讓您的情誼和樹苗一起茁壯、成長。」

觀光客看到這則告示之後，大都非常感興趣，認為這要比購買紀念品來得有意義多了。

於是，大家紛紛在這裡植下了樹苗，不久山坡地上種滿了各種樹苗，渡蜜月的新婚夫妻，合種下甜蜜的「同心樹」，學生們種下了「友誼之樹」，一家人則種下了「合家歡」的紀念樹……

每一個到此地遊玩的旅客，為了留下美麗的記憶，個個都非常熱情地參與這項植樹活動。

幾年後，原本光禿禿的山坡地變得綠意盎然、萬紫千紅，飯店不僅從植樹的費用中，獲得了不少經濟效益，更因為旅客們對自己親手植下的樹苗，有著幾分情感，還會經常回飯店旅遊、居住，為飯店的永續經營奠下了基礎，可說是一舉數得。

華德．迪士尼曾經寫道：「我一貫的理念是，只要產品充滿創意，那我就有把握將顧客的錢吸過來。」

想要成功致富，秘訣就在於換個思考模式，想出讓人拍案叫絕的方法，這個方法就會像「魔法」一樣，讓顧客主動從口袋掏出錢來。

這家旅館推出的「紀念樹」，不僅輕鬆解決山坡地綠化的經費問題，同時也是很有環保概念的創意。

只要管理有方，所謂的社會效益與經濟利益就能並存，正如這家觀光飯店的「紀念樹」規劃，兼具了建設與行銷。

所以，只要別具巧思，雙腳踩踏的都會是邁向成功、永續經營的未來。

做自己的生活專家

試著用自己眼睛看世界，用自己的判斷去實踐每一件事，慢慢地，你便會發現，你也可以成為自己專屬的生活專家。

每個人的視野都會有盲點，生活之中也會遭遇無法解決的難題，所以，我們會尋求所謂「專家」或「學者」的建議，因爲我們相信，以他們的學識與權威，一定能爲我們指出一條明路。

但是，事實上眞是如此嗎？

在一場歐洲音樂指揮大賽中，有三位指揮家進入最後決賽，其中一位是世界著名的日本指揮家小澤征爾。決賽時，他照著評審委員會提供的樂譜進行指揮，卻發現樂譜中有個錯誤。

小澤征爾本來以為是樂隊演奏時出差錯，便立即停下指揮，要求重新演奏，但是仍然無法讓他滿意。這時，有位評審委員鄭重地指出，樂譜並沒有問題，全是小澤征爾的錯覺。

面對這位音樂界的權威，小澤征爾對自己的判斷有些猶疑，但是幾經思考後，仍然十分肯定地說：「這分樂譜有誤！」

話一說完，評審席上立即傳來了熱烈的掌聲。

原來，這是評審委員們故意設計的「圈套」，用來考驗這三位指揮家在發現樂譜有所錯誤，並遭受權威人士否定他們的判斷時，是否能夠堅持自己正確。

在此之前，其實另外兩位參賽者也發現了這個問題，但他們卻懾服於權威，誤入「圈套」，最後慘遭淘汰。

只有小澤征爾沒有被騙倒，因為他跳脫了一言堂式的權威迷思，清楚看見音樂世界裡的是非對錯，也因此成為最有資格獲得這次比賽桂冠的指揮家。

如果，你是個跟著生活前進的人，不妨多給自己一些信心，成功的道路上會有許多陷阱，不要一味地聽取別人的指引，也許他們給你的會是一個深不可測的「圈套」。

圈套也許不是別人故意設置的，但是，因爲你的不知變通，不相信自己的判斷，便會不自覺地掉了進去。

別太迷信權威，如果你是個缺乏獨立性與自主精神的人，從現在開始，試著用自己眼睛看世界，用自己的判斷去實踐每一件事，慢慢地，你便會發現，你也可以成爲自己專屬的生活專家。

真正的富有不一定要擁有

能坦蕩選擇人生路的人，才能快樂前進，或許要面對慾望並克服它，不是件容易的事，但慾念始終都操控在你的心中。

每一個人在衡量價值的時候，原本就會有不同的定義和評量角度，但是最基本的平衡點，應該是在「問心無愧」的基礎上。

第二次世界大戰前，小柯家是城中唯一沒有汽車的家庭，面對這樣的苦況，母親常常安慰家人：「一個人有了骨氣，就等於擁有了一大筆財富，只要我們在生活中懷抱著一線希望，那麼我們便擁有了一大筆精神財富。」

或許是受到小柯的母親所感動，老天爺竟在幾個星期之後，送來了一輛嶄新的汽車，當擴音器裡大叫著小柯父親的名字時，小柯欣喜若狂地說：「我們終於有車了！」

當小柯開心地看著父親時，卻發現他似乎不太高興。

小柯輕聲地問母親：「爸爸怎麼了？」

母親平靜地說：「因為，爸爸正在思考一個道德問題，我們先耐心地等待他的答案吧！」

小柯不解地問：「為什麼我們中了彩票是不道德的呢？」

只見母親笑著說：「因為，這汽車根本不屬於我們的！」

小柯一聽見母親這麼說，大聲抗議道：「誰說的！剛剛他們明明說出父親的名字啊！」

「孩子，你過來。」母親溫柔地召喚他，接著將手上的兩張彩票放在檯燈下，一張號碼是三四八，一張是三四九，而中獎號碼是三四八。

母親說：「你看，這兩張彩票有什麼不同？我看了好幾遍，終於看到彩票的一角上有用鉛筆寫的字，這個K代表凱特立克先生。」

「吉米．凱特立克，爸爸交易所的老闆？」小柯似乎越聽越迷糊了。

「對。」母親仔細把前因後果說了一遍。

原來，小柯的父親當初幫吉米也買了一張彩票，但還沒有送去給吉米。如今，他原本選定的那張彩票沒有被抽中，反倒是吉米的抽中，再仔細一看，吉米的那一張似乎有被輕輕擦過的痕跡，上面則覆著淡淡的鉛筆印。

小柯心想，這有什麼關係，反正他又不知道，更何況吉米還是個百萬富翁，家裡原本就擁有了十幾輛汽車，他一定不會在意這輛車子。

「媽咪，這車子應該歸爸爸啦！」小柯激動地說。

但是，母親仍淡淡地說：「你爸爸知道該怎麼做。」

不久，他們聽見父親進門的腳步聲，接著又聽到他在撥電話的聲音。

第二天下午，凱特立克的兩個司機來到小柯的家，還送來了一盒昂貴的雪茄，接著便把車子開走了。

直到小柯成年，並靠著自己的力量擁有了一輛車子後，他經常想起母親的那句話：「一個人有骨氣，就等於有了一大筆財富。」他說：「我知道，當父親打電話給吉米時，當時確實是我們家最富有的時候。」

對於小柯的母親所說的，「一個擁有骨氣的人，已經是最富有的人了」，相信沒有人會對它提出質疑，畢竟巧取豪奪而來的成就，原本就不是件光明的事，心中自然會產生陰影，因爲一顆心無法感到安穩，生活又怎麼可能會感到安樂、富足呢？

其實，眞正的富有眞的不必要擁有，分享快樂與佔有快樂的最大差別在於，前者是由兩個以上的人所組成，而我們是享受在快樂的大環境中；而後者的快樂則僅止於一個人，甚至這份快樂是不能展露出來的，這樣孤獨的快樂想必是種痛苦。能坦蕩選擇人生路的人，才能快樂前進，或許要面對慾望並克服它，不是件容易的事，但再強勢的慾念始終都操控在你的心中，只要你願意抵抗。

PART 3

不斷超越別人，也不斷超越自己

愛因斯坦對於自己的理論，一直抱著「一種發現的過渡」，人也應該如此，必須不斷超越別人，也不斷超我越自我。

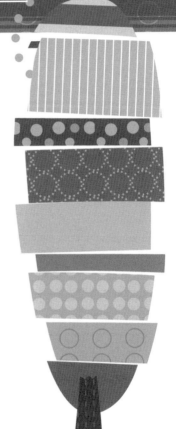

垂頭喪氣，如何找出生機？

不要把時間浪費在抱怨的情緒中，那不僅會讓人更加迷失，
還會讓人越來越失去信心，在關鍵時候放棄自己。

有位美國學者曾經這麼說：「人生的目的只有兩件事：第一件是得到你想要的，第二件是得到之後要好好地享受它。不過，通常只有最聰明的人才能做到第二點。」

人生的目標確實只有這兩項，只是多數人在尚未達到目標前，便不耐煩地發出牢騷與埋怨，以致目標難以達成；即使目標已經達成，卻因人心貪婪，讓生命眞正的樂趣一直囚困於追逐的疲憊中。

愛波在一九三四年春天，因為一個親眼目睹的景象，讓他的人生完全改變。那年，一場金融風暴，讓他經營好幾年，好不容易終於有了一點成績的公司，頓時間化為烏有。

當時負債累累的他，頹喪地走在街上，無精打采地想著：「我該怎麼辦？我要到哪裡找錢來還債啊？老天爺，你為何要這樣捉弄我？」

當時，他正走出銀行，已經做了要回家鄉打工的準備，因為在這個城市裡，他不知道自己還有什麼樣的機會。

愛波的步伐相當沉重，幾乎是用拖行的方式前進，受到嚴重打擊的他，已經完全失去了信念和鬥志。忽然，垂頭喪氣的他一個不小心撞上了迎面而來的一個人，愛波自然而然地說：「對不起！」

在此同時，眼前的這個人卻給了他一個開朗的回應：「早啊，先生，今天天氣很好，不是嗎？」

愛波一聽，這才抬起頭仔細看看他的「巧遇」。

也許是上帝聽見了他的呼喊，所以派了這樣一位天使來救他，因為眼前是一個失去雙腿的男子，他坐在一塊裝有輪子的木板上，用著尚存的一雙手藉著輪子的滑動，奮力地沿街推進。

當他滿臉笑容地對著愛波時，愛波整個人完全被震懾住了，像是被定住了一般，在街角停格，心中不斷地湧現出一種刺激：「他沒有腿，卻能如此快樂、自信，我有腿，應該比他更快樂、自信，不是嗎？」

「我很富有的，不是嗎？我還有雙腿可以自由前進，我為什麼就看不見陽光呢？我一定要重新振作，我一定可以看見自己的陽光，跌一次跤算得了什麼，氣勢始終都在我身上，不是嗎？」

原本準備回鄉的愛波，決定繼續留在這個競爭激烈的大城市。憑著重新找回的信心和毅力，很快地，愛波找到了工作，也重新展開他的新生活。

看著故事中失去雙腿的殘障人物，仍然願意用微笑，笑看他的人生，回頭審視四肢健全的自己，你是否也感受到「不願面對自己」的羞愧？

曾經有個在太平洋上漂流了二十一天的男子，獲得救援後對朋友說：「在這次經驗中，我所得到最大的教訓是，只要有淡水就喝，只要有食物就吃，絕不浪費時間埋怨任何東西。」

不要把時間浪費在抱怨的情緒中，那不僅會讓人更加迷失，還會讓人越來越失去信心，更甚者還會讓人在關鍵時候放棄自己。

其實，只要人還活著，機會就還在，即使迷失在海洋中，只要手中還有一滴淡水可以喝，還有一口乾麵包可以吃，那麼我們都應該要滿心感激、好好珍惜，不該頹喪、放棄。因爲，生活的決定權始終都在我們的手中，即使跌得再深，我們仍然能找到一線生機。

想解決事情，請轉個彎思考

有許多解決不了的情況，並不是無法解決，而是沒找到正確的方法，因此，別只會用一套思考方法去面對問題。

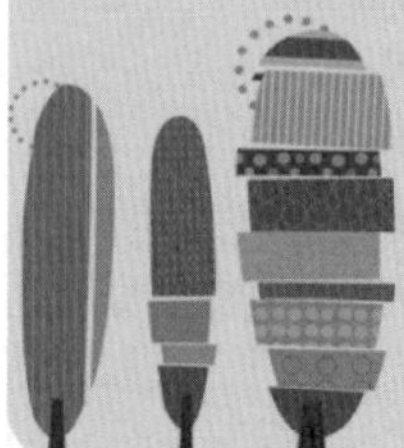

狹隘的思考態度，往往會讓人放棄了寬廣的視野，結果必然產生思考能力的窒礙。唯有跳出思考的慣性，換個角度看事情，人生中的許多看似無解的難題才會迎刃而解。

換個想法，就能找到方法。試著把你的思路扭轉一下，只要靈活你的審視角度，便能把每一件事都圓滿解決。

古時候，滄州南方的河邊，有一座古老的寺廟。

有一年，這座古剎遭遇了一場暴風雨侵襲，強大的風雨毀壞了寺院，也把寺廟前的一隻百年石獅沖入了河中。

幾年之後，僧人們四處勸募，募集了足夠的資金，準備重新修建寺廟，也開始進行打撈石獸的工作。

剛開始時，眾人只在廟前附近的河沙中尋找，但是找了很久都沒有找到，因而有人提出，恐怕是當時的水流太大，把石獸沖到下游去了。

於是，大家便再順著水流一路尋找下去，卻仍然未見到石獸的蹤影。

正當大家一籌莫展時，有位老師開口說：「石獸材質堅實，一旦掉進了沙性鬆浮的河底，想必會漸漸地沉了下去，而且會越沉越深，你們不如往河床底下尋找、探挖，如此才有可能找到石獸。」

在場的人聽了他的分析後，都覺得很有道理，紛紛往河底深挖，但是，仍然沒找到這隻石獅。

這時，有一位老水手聽到這個消息，卻不以為然地笑著對大家說：「要尋找石獸，應該到河的上游找才對。」

這個匪夷所思的講法引起大家的質疑，多數人都認為，石獸又不會長腳，哪會逆流而上跑到上游去呢？

老水手發現大家疑惑的神情，便分析說：「正因為石頭材質堅實沉重，河沙鬆浮，所以當石獸掉進了河底，水流沖不動石獸，卻會沖刷石獅底下的河沙，慢慢地形成了坑穴，久而久之，石獸的重心便會向前傾，接著向前翻轉進坑穴中。河水不斷地沖激，石獅不斷地翻轉，日復一日，石獸便逆流而上了。」

人們聽了老水手的話後，認為頗有道理，決定試一試，果然讓他們在不遠處的上游河床中找到了石獸。

面對生命中的各種難題，用不同的角度解讀，往往會得到不一樣的結果。只要試著改變應對的態度，換個角度重新檢視，就可以輕鬆改變自己的前途。

唯有改變心態，才可能擁有美好的未來。

任何事都有一體兩面，因此解決的方法，也應該分成正反兩種。如果我們只習慣用某種思考方式去解決問題時，那麼就會陷入了盲目的慣性中。

這種情況就有如故事中，眾人依照慣性思考，認為石獅必定會被沖到河下游，而一味在下游河床挖尋，結果當然一無所獲。

其實，有許多解決不了的情況，並不是無法解決，而是沒找到正確的方法，因此，別只會用一套思考方法去面對問題。

當個淘金客，不如做個冶金人

聰明的人會在被挖走金礦的土地上，試著創造另一個發財的奇蹟，而不是黯然放棄這片看似荒蕪的土地。

十九世紀，美國加州各地掀起了陣陣淘金熱。

儘管有人眞的因爲挖掘到黃金而衣錦還鄉，但是，大多數發財致富的人，靠的是另類的辦法。

例如，李維發明了「李維牛仔褲」，賣給淘金客而大發利市，賣圓鍬、賣鏟子，甚至賣水的，都從中獲得了比淘金客更多的財富。以下則是一個另類的發財故事。

自從傳出有人在薩文河畔發現金沙之後，淘金客便從四面八方湧入。

他們尋遍了薩文河的整個河床，還在河床上挖出了許多大大小小的坑洞，每個人都希望自己能找到金礦，成為人人羨慕的大富翁。

結局是幾家歡樂幾家愁，有人挖到了金礦，開開心心地抱著金礦返回家鄉，但也有人一無所獲，最後敗興而歸。

當然，也有人不甘心夢想落空，繼續駐紮在這裡尋找「希望」，彼得·弗雷特便是其中之一。

他在河床附近買了一塊土地，搭起小木屋，把所有的希望都押在這塊土地上。為了尋找金礦，他日以繼夜地在這塊土地上努力工作。

但是，埋頭苦幹了好幾個月，偌大的土地也被挖得坑坑巴巴，他卻連一粒金沙都沒有發現。

熬了六個月之後，他身上連買塊麵包的錢都快沒有了，這才不得不覺醒，決定另謀出路。

然而，就在他即將離去的前一天晚上，天氣忽然驟變，下起了傾盆大雨，而且一連下了三天三夜。

第四天，大雨終於停了，彼得走出了小木屋，卻發現眼前的土地完全變了個樣，與先前完全不同，那些坑坑巴巴已被大水沖刷平整，一大片土地變得鬆軟許多，似乎有許多綠茸茸的小草就要冒出來了。

彼得看著這片土地，忽然靈光一閃：「我在這裡雖然沒找著金子，但是土地仍然是我的啊！如果在這麼肥沃的土地種花，我就可以將鮮花運到鎮上去販售，這麼一來，我不是也能賺到許多錢？只要努力工作，那麼有朝一日，我也會成為富翁……」

彼得認真地望著鬆軟的土地，彷彿看到了另一個未來的希望。他用力地吸了一口氣，然後對著土地喊叫：「我不走了！我要在這裡種花！」

彼得真的留下來努力地開墾土地，研究花卉品種，認真培育這些花苗。

很快地，各種美麗嬌艷的花朵，在這一大片土地上嫣然綻放。

當彼得把鮮花運送到鎮上去販售時，許多顧客都稱讚道：「哇！你們看，這些鮮花多麼美麗，我們從沒見過這麼鮮艷的花朵！」

因為彼得的花比別人的便宜，品質也比別人好，許多商家紛紛找他購買，才幾個月的工夫，他便成為花市的唯一供應商。

五年後，彼得真的實現了夢想，完成了成為大富翁的願望。

聰明的人知道，當別人已經把一塊土地裡的黃金挖走了，就不能再指望這塊土地會繼續冒出黃金。所以，他們會在這塊土地上，試著創造另一個發財的奇蹟，而不是黯然放棄這片看似荒蕪的土地。

就像彼得一樣，從一無所獲的淘金客，轉變爲成功的花卉供應商，其中的關鍵，正是他將自己轉換爲「金礦」的創造者。

沒有人不想擁有財富，每個人都希望自己能擁有永久的財富，但是，財富要從哪裡來呢？

金礦再多，總會有被挖光的一天。只要你不再只想當個不切實際的淘金客，能腳踏實地創造自己的財富，你的財富自然能長長久久。

不斷超越別人，也不斷超越自我

愛因斯坦對於自己的理論，一直抱著「一種發現的過渡」，人也應該如此，必須不斷超越別人，也不斷超我越自我。

不要讓自己的心靈和思維受到束縛，勇敢去創造自己的人生吧！沒有什麼事是絕對的，也沒有人是零缺點的。再偉大的人都不敢說自己是百分百正確了，那麼，你又何必再當個盲目的應聲蟲，一味按照別人的意見行事？

在某次國際物理研討會上，愛因斯坦剛完成演說，正等著台下的聽眾提出詢問，與他進行互動。

這時，有個年輕人從座位上站了起來，不客氣地說：「愛因斯坦教授，您的演講非常精彩。但是，我認為第二個方程式不能從第一個方程式中推斷出來，我們只能把它當作一個未經證明的假設，而且，這個假設也不一定會按照您的理論維持不變……」

在權威的科學家面前，竟然有人敢提出反駁和個人的見解，與會者全都驚訝地回頭，看看是哪個年輕人這麼不知天高地厚。

但是，站在講台上的愛因斯坦卻絲毫不以為意，反而因為這個年輕人的發言而感到興奮不已。

他很用心地傾聽過後，便面對黑板沉思了很久。

忽然，他擦掉了黑板上的所有記錄，對大家說：「這位年輕人說得非常正確，請在座的各位把剛剛聽到的東西全忘了吧！」

這位勇敢指正愛因斯坦錯誤的年輕人，正是日後被人們譽為「科學怪傑」的前蘇聯物理學家——朗道。

什麼才是眞理？

愛因斯坦說：「無論在自然科學、還是社會科學中，真理都是相對的，而真理的相對性，正是對局部的否定。」

從這個角度來看，也許我們信守已久的眞理，其實是假的，或許我們一直否定的事才是眞理。

時間會反覆驗證一切，今天被認爲是合乎眞理的認識，也都有它的期限，有一天也會顯露出錯誤的一面。

愛因斯坦與朗道的互動正說明了一個事實：這個世界上沒有絕對顚撲不破而又恆常的眞理。既然如此，那麼，你爲什麼還在謹守什麼人告訴你的理論和教條，不敢勇於嘗試、突破？

愛因斯坦對於自己的理論，一直抱著「一種發現的過渡」，希望後人能研究出更新的成果，用來否定它，甚至超越它。人也應該如此，必須不斷超越別人，也不斷超我越自我。

找出自己的獨特性

發揮你個人的特質，找到你的獨特性，不要過度模仿，唯有找出獨特的創意，你的人生才會有真正的生命力。

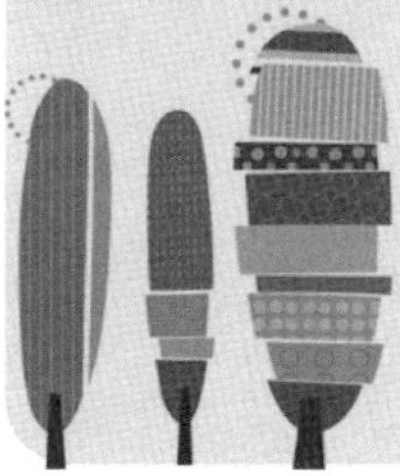

生活中，許多人的創意，其實都是從模仿開始，但是，到了一定階段，他們就會巧妙而靈活地創造出新的風格。

如果你只會不斷地模仿，而無法創造個人的風格，那麼你永遠只是別人的影子，就別奢望能看見自己的天空。

每當國畫大師張大千回憶自己的人生歷練時，非常喜歡提及世界級大師畢卡索對他的指點。

當年已經享有名氣的張大千，來到了巴黎舉辦個人畫展，特地邀請了畫壇奇才畢卡索前來指點。

這時的畢卡索已經是國際級的繪畫大師了，十分喜歡提攜後進，對一些年輕的畫家也特別照顧。

畢卡索應邀前來之後，只花了五分鐘沿著展覽大廳走了一圈，隨即便不聲不響地走出了大門。

張大千望著大師的身影，感到非常意外，便快步地追了出去，畢恭畢敬地虛心向畢卡索請教。

畢卡索拍了拍張大千的肩膀，微笑地說：「牆上的畫都不錯，但是，卻沒有一張畫作是你的！」

張大千驚詫地說：「這個展覽大廳裡的每一幅畫，全都是我的作品啊！您怎麼會說沒有一張是我的呢？」

畢卡索看著張大千搖了搖頭，接著用手指在空中畫了一個大問號，便頭也不回地離開了。

張大千頓時陷入了「大問號」的疑惑裡，經過一番思考，最後終於搞懂了畢卡索的指點，更明白大師所說「沒有自己作品」的意思。

從此，張大千不再囿限於前人和別人的創作方式，潛心研究出屬於自己的繪畫風格。

由於他不斷尋找新的創作靈感，終於創造出獨特的藝術風格，成為造詣高超的中國繪畫大師。

畢卡索的「問號」，點醒了年輕的張大千，讓他發現自己的缺陷，更讓他創造出屬於自己的繪畫風格。

日常生活中，我們當然可以找找前人的成功例子，當作自己的學習目標，減少失誤的機率，但是，在學習過程中，也必須懂得創新，活出自己的風格，不能一輩子依樣畫葫蘆，活在別人的陰影之下。

畢卡索的問號，只有一個重點，那便是發揮你個人的特質，找到你的獨特性，不要過度模仿，唯有找出獨特的創意，你的人生才會有眞正的生命力。

幸福的訣竅並不在於努力得到浮面的快樂，或是從世俗的事物裡獲得一時的滿足，而是努力印證自己的存在價值。

走在人生旅程，必須隨遇而安，用平常心去做好自己該做的事。

不管現在的生活多麼讓人厭倦，只要我們能掌握自己的心境，隨時都可以用愉悅的心情展開自己的快樂人生。

每個難關都是生命的轉折點

每一個難關都是生命的轉折點，在這個關鍵點上，你可以停頓一下，喘一口氣，澄清自己的心眼，你會看見另一條美麗的人生途徑。

不論遇到多麼不如意的事，都不要讓它們在心中留下負面的痕跡。

今天過了還有明天，生活是不斷前進的，當月曆紙被一張一張撕下時，你可以這麼告訴自己：「我的惡運又少了一天。」

剛來到紐約謀求發展之時的帕特森，可說是身無分文。但是，就算沒有什麼錢，仍得找個地方居住，於是，他找到了一間小旅館棲身。

管理員交給他一支鑰匙，一打開門，他便聞到一股異味，環視小房間裡的一切，牆壁貼著漆黑的壁紙，壁紙則是由上千個像小吊環的圖案所組成，而且每個小吊環上還有「X」的符號。

雖然不盡理想，但仍然是個可以棲身的地方，況且在這麼無助絕望的情況下，帕特森也別無選擇。為了讓自己早日脫離這個處境，他努力地找工作，每天把行程排得滿滿的，趕赴一個又一個的面試。

每當帕特森知道沒有被錄取時，只好拖著一身疲憊回到昏暗的房裡，想到一點進展也沒有的生活，只能茫然地盯著壁紙上的小吊環圖案發呆。

忽然，他看著吊環上的「X」，若有所悟地坐立了起來，對自己說：「今天過了，還有明天啊！」

不久，終於傳來了好消息，他收到了湯普森公司的錄取通知。

帕特森的人生自此有了新的風貌，他把握了這難得的機會，努力不懈的帕特森，就這麼一路晉升，最後還成為北美區公司的總裁。

人生的海洋總是有預想不到的風浪，想在狂風暴雨當中，將自己的「生命之舟」順利駛向成功的彼岸，就必須對自己充滿信心。

充滿信心可以提振自己的情緒，勇敢面對問題。

「相信自己一定能渡過難關」，雖然我們無法預測艱苦何時結束，但是只要不放棄，機會就一定會到來。

每一個難關都是生命的轉折點，在這個關鍵點上，你可以停頓一下，喘一口氣，澄清自己的心眼，你會看見另一條美麗的人生途徑。

如果還有陽光，何必選擇淋雨？

用積極的態度簡化生活中的難題，用平常心面對生活，唯有如此，你的生活才會更加如意。

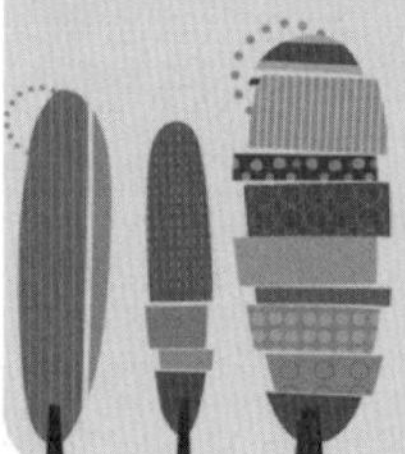

美國科學家哈里．弗斯特克曾經說：「人生就像一場演奏會，就算你的琴絃斷了一根，你還是要想辦法以剩下的三根絃，繼續把自己的樂曲演奏完。」

不管你面對的是順境或者逆境，這都是你的人生；只要懂得適時地調整自己的心境，就能改變環境，走出困境。

不管遭遇什麼困境，都應該用肯定的人生態度看待你的生活，可以選擇讓自己的內心充滿陽光，就別讓心靈在暴雨中迷失方向。

著名的精神病學家維克多．弗蘭克，在他的著作《追求意義的人類》一書中，曾經提到一個罹患了愛滋病的小男孩的遭遇，並描述他如何勇敢地面對即將到來的死亡。

他在書中引述了一段小男孩的話：「生命的掌控權仍在我的手中，所以，我可以選擇丟開心中的陰影。我相信，我能塑造自己的命運，即使現在身染愛滋疾病，我仍然可以選擇陽光的生活，而不是負面的人生。我很幸運，擁有家人們的全面支持。」

維克多問他：「在醫療的過程中，什麼最令你感到痛苦？」

小男孩說：「沒有任何痛苦，我只是注意到那些能加強我的生命的治療方法，因為它們，我才能變得這麼健康而強壯。」

這是小男孩的生命態度，就像我們在電視上看見的許多病童，他們往往比大人們更具生命的韌性。

原因無他，因為他們唯一的希望就是能快點好起來，繼續他們開心的生活，可以在陽光下再次開心地奔跑，這是他們對生命的簡單希望，也是他們對生命的最大期望。

當你可以選擇接受陽光照耀的時候，又何必站在雨中讓自己淋出一身病？其實，你越覺得事情難解，困難越會「如你所願」，成了永遠也無法解決的難題。用積極的態度簡化生活中的難題，用平常心面對生活，唯有如此，你的生活才會更加如意。

別躺在深井裡說天空太小

不要坐在井裡看世界，更不要用一知半解的態度，批評得口沫橫飛，因為這樣只會更加突顯你的無知。

潛心研究的人，在前進的道路上，免不了會碰到失誤，但是，無傷大雅的小失誤，並不影響他的人生旅程，反而因爲這些個小失誤，而增長自己的經驗與智慧，發現了另一條成功的捷徑。

古希臘著名的哲學家泰勒斯，不僅學識淵博、才思敏捷，而且興趣廣泛，對於天文地理都有深入的研究。此外，對於其他不同領域的知識，他也都有自己的一套見解。

有一天晚上，泰勒斯外出散步之時，抬起頭仰看天空，發現星光在迷人的天空清晰閃耀，便忍不住一路仰望著走路，忘記了腳下的路途。

不料，因為前些日子下了一場大雨，把前面一個頗深的洞坑填滿了雨水，只顧著看星星的泰勒斯，就這麼一不小心一腳踩空，整個人掉進了這個凹洞裡。

等他回過神來，身子已經泡在水裡了，雖然只淹及胸部，但是這個陷阱卻相當深，泰勒斯怎麼也爬不出來，只好高聲呼救。

當路人把他救山水坑時，泰勒斯摸著摔得不輕的身體，喃喃說道：「明天會下雨！」

路人聽到他沒頭沒腦地說出這番話，沒有說什麼便走了，不過卻將泰勒斯的這番糗事說給其他人聽。

沒想到，第二天果真下起了雨，這使得人們都對泰勒斯的預言驚奇不已，更加佩服他在氣象學方面的豐富知識。

然而，有人卻不以為然地說：「泰勒斯能知道天上的事情，卻看不見自己腳下的危機。」

泰勒斯聽到這個嘲諷，只是笑一笑而已，一點也不在意。

後來，著名的德國哲學家黑格爾，聽到泰勒斯的這則軼聞事時，曾經感慨地說道：「看來，不會掉進坑裡的，大概只有那些永遠躺在深坑裡，從不仰望天空的人吧！」

不要坐在井裡看世界，更不要用一知半解的態度，批評得口沫橫飛，因爲這樣只會更加突顯你的無知。

小心翼翼地帶著黑格爾的這番話，做爲自己的座右銘吧！

隨時提醒自己，寧可因爲勇敢嘗試而跌坑洞裡，也不要成了坐在井底仰望天空的笨青蛙。

態度決定一個人的高度，如果你願意謙虛地看待自己，明白自己的能力與不足之處，那麼，你便會從生活和工作中，看到更開闊的前景。

阻擋自己成功，阻擋自己提升人生境界的，往往是心中那個自以爲了不起，不願付出努力的自己。

PART 4

在意別人的眼光，就會被牽著鼻子走

多數人總是活在習慣的思維裡，大腦根本就沒有進行邏輯思考的能力，如果你在乎他們的眼光和看法，最後當然會被他們牽著鼻子走。

讓險境成為生命的動力

只要能活著，再困難的險境都會是生命的動力，只要積極、不退縮，人生就沒有什麼是不可能的。

別再停留在崎嶇的人生路口，更別想著退縮，因爲就算換了另一條路走，仍然會遇上陡峭難行的路。

畢竟人生不可能永遠一帆風順，而且唯有在狂風暴雨中，我們才會激起強烈的生命動力。

美國有個失去兩條腿的人，用自己積極而旺盛的生命力，彌補了身體的缺陷，相當受歡的演説家。這個傳奇人物的名叫班・福特生。

班是在一九八五年那年，失去了他的雙腿。

有一天，他砍了許多胡桃木的枝幹，準備拿來做種植豆子的撐架。當他把胡桃木裝上車後，在開車回家的途中，突然有一根樹枝滑落，卡進了引擎裡。不巧的是，這時車子正準備急轉彎，卡在引擎中的樹枝，造成車子失控，直接衝撞到路邊的樹幹，造成班的脊椎受了重傷，兩條腿登時完全痲痺。

出事那年，班才二十四歲，經過緊急搶救之後，醫生雖然救回他一命，但也判定他要終身坐在輪椅上。

生命中這個突如其來的衝擊，令班無法接受，他對人生充滿了憤恨和難過，每天都在抱怨老天的不公，和命運的乖舛。在怨懟的生活裡，日子就這麼一天又一天的度過。

有一天，班忽然醒悟，他發現憤恨的情緒非但使得自己什麼事也做不成，而且還帶給別人惡劣的印象。

當心境平靜下來，他慢慢地發現，其實大家對他都充滿了體諒與尊重，每個人對他都相當關心，於是他告訴自己，應該要設法加以回饋。

心結打開的那天，班整個人完全轉變，不僅積極地面對人生，還養成了每天閱讀的習慣，漸漸地，對一些文學作品產生了興趣。

坐在輪椅上不能自由行動的十四年裡，他至少讀了一千四百多本書，這些書為他帶來了很多新的想法，讓他深刻體驗到，即使受到如此打擊，自己的生活仍然可以是豐富而精彩的。

每當有人問他，經過這麼多年，是否還覺得那次意外是個可怕的經歷，班都笑著回答：「一點也不可怕！現在，我很慶幸能有這麼獨特的經歷！」

班大量吸收資訊和閱讀的結果，讓他對政治產生了興趣，不僅努力研究公共問題，還坐著輪椅到處發表演說，成了最受歡迎的演講家。

貝弗里奇說過：「人們最出色的工作，往往在處於逆境和磨練的情況下做出，思想上的壓力，甚至肉體上的痛苦，都可能成為精神上的興奮劑。」

確實如此，我們曾經受過的折磨，經常會成爲自己日後成功的動力，因爲，人生就像深水奔流，如果沒有暗礁，就難以激起美麗的浪花。

在如此難熬的逆境，班・福特生卻更加積極地開創他的人生。從憤恨、難過，無法承受命運的捉弄，到克服沮喪、不再抱怨，來自內心的醒悟，使得他從此有了全新的生活。

在現實生活裡，我們經常看見許多殘而不廢的成功人士，他們的生命力通常比四肢健全的人都要旺盛。他們常說，沒有什麼事比身體的殘缺更難過了，所以，他們比任何人了解生命的意義也更加珍惜生命的價值。

像是一些口足畫家，或是輪椅運動選手，從他們的堅毅臉上，我們絕對看不到退縮的神情。因為，他們知道，只要能活著，再困難的險境都會是生命的動力，只要積極、不退縮，人生就沒有什麼是不可能的。

用堅強的自信笑看人生

把苦難和折磨視為生活的一部分，以頑強的生命力面對突如其來的意外和坎坷，用堅強的自信笑看人生。

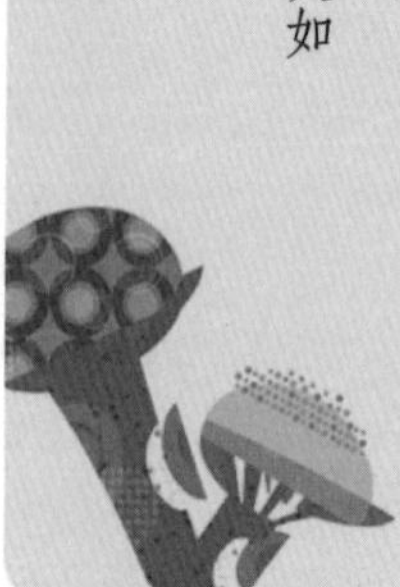

作家海明威曾經在名著《老人與海》裡勉勵我們：「只要你不計較得失，人生還有什麼不能想法子克服的？」

生活的磨難可以訓練你我的意志，讓我們的性格更加堅強，生命更有韌性。只要心中充滿信心，沒有什麼能阻擋我們達到夢想的目標！

班納德是一位歷經各種人生風雨的德國人，一生跌跌撞撞，前後遭受了一百五十多次苦難磨練，許多人都說他是這個世界上最倒楣也最堅強的老人。

在他出生的第十三個月時，不僅摔傷了脊椎，還跌斷了一隻腳。兒童時期，喜歡爬樹的班納德，則是不小心摔傷了手腳；後來，騎單車時，又被忽然颳起的一陣風吹倒，再次跌個四腳朝天，膝蓋還受了重傷。

到了十四歲時，有一天他在路上慢跑，跑著跑著竟然莫名其妙掉進了路旁的垃圾堆裡，還差點窒息。

又有一次，他好端端走在路上，竟然被一輛失控的汽車，把頭撞了一個大洞。還有一次，一輛垃圾車，在傾倒垃圾時，居然一不小心將他埋在下面。

更慘的是，有一次他在理髮店坐著等理髮師，沒想到又遇上一輛失控的汽車，衝撞進理髮店裡……

班納德曾經仔細算過，在最倒楣的一年裡，他竟然遭遇了十七次的重大意外事故。但令人驚訝的是，他依舊健康地活著，而且心中充滿了自信。他說，都歷經過一百五十多次的生命磨難了，還有什麼好怕的呢？

面對生命中的各種難題，用不同的角度解讀，往往會得到不一樣的結果。唯有看開，人才可能擁有美好的未來。

只要懂得轉換想法，心境就會產生微妙的改變。

對班納德而言，這些層出不窮的惡運都是磨練生活的最佳機會，他不僅愈挫愈勇，還把苦難和折磨視爲生活的一部分，以頑強的生命力面對突如其來的意外和坎坷，用堅強的自信笑看人生。

不管你是第一次遇上生活瓶頸的人，還是在不景氣中跌跌撞撞的人，學學班納德的生活態度吧！

創新就會抓住人心

創意通常來自生活中的人事物，不管外在環境如何變化，只要你捉住人心，得到的認同，便能化腐朽為神奇，創造新流行。

美國《商業週刊》行銷顧問艾倫．米史坦曾經說過一句名言：「所謂商業，靠的就是透過創新的手法，刺激大眾的荷爾蒙。」

確實如此，許多精采的創新故事都印證了這點。

創新，需要的就是別出心裁，從平凡甚至醜陋的事物中看到機會；想要吸引消費者，便要設法摸透他們的內心世界。

創意，其實並沒有一定的標準，重點在於能否抓住人心。

每年到了「情人節」的時候，到處都可以看到一束束的玫瑰花，或是精美包裝的巧克力，在情人們之間傳送。

但是，除了玫瑰花或巧克力之外，難道沒有其他禮品可以贈送了嗎？

當然有。

在商店裡，有各種琳瑯滿目的禮品可供選擇，不過，你一定沒有聽過，竟然有人在情人節這天，推薦情人們送「牛糞」這種既奇怪而又噁心的禮物吧？

這是發生在英國的一個真人實事。

一九九三年的情人節來臨前，英國有位名叫珍妮．唐恩的農家女孩突發奇想，把牛糞加上精美的包裝，並在禮盒上印了美麗又動聽的甜言蜜語，推到市場上販售，價格訂為每件五英鎊。

不妨試想一下，如果你的情人在情人節當天送你一袋牛糞，你會怎樣？

也許你會因為聯想到「鮮花插在牛糞上」的俗語，懷疑對方存心譏諷而傷心一場。

然而，這對喜歡種植花草的英國紳士淑女們來說，卻認為有人如果送他們牛糞，是對方對自己的生活、喜好，表示支持與讚賞的意思。

也因為如此，珍尼．唐恩的「牛糞禮物」上市後，銷路非常好，令許多人都跌破了眼鏡！

知名廣告大師威廉．柏恩拜克曾經說過：「一個主意最後變成創意或是餿主意，往往取決於它是否準確抓住人心。」

珍妮．唐恩的成功，就在於她知道送禮的重點，其實是透過送禮向對方表達自己的心意。

「牛糞禮物」所傳達出來的，正是禮品的實用性和另類傳情的表徵。牛糞的意義和價值，不在牛糞對於植物的營養，而是人與人之間生活的共鳴與認同感。

珍妮．唐恩正是運用這分細膩的心思，所以才能在多數人不看好的情況下一鳴驚人！

牛糞禮品的例子，只有一個重點，就是要懂得人性的心理與感受，意即許多廣告人常說的：「捉住消費者的心」。

創意通常來自生活中的人事物，不管外在環境如何變化，只要你捉住人心，得到消費者的認同，便能化腐朽爲神奇，創造新流行。

不妨盯著「馬糞」找機會

機會就在你身邊，不要用世俗的眼光去評斷事物的外表，而是用心去發掘內在的價值，只要讓腦子靈活轉一轉，只要用心，機會一定會出現。

我們總是看著別人開創出一個個奇蹟，卻不知道早在別人發跡之前，創造奇蹟的機會也曾出現在我們眼前。

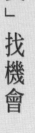

想一想，如果是你，當你望著散發惡臭的馬糞，你是想著其他的發財夢，還是盯著馬糞找機會？

一九九六年，約翰．馬登榮登澳洲雪梨市的首富，令人訝異的是，這個擁有上億元資產的年輕富翁，卻是從「馬糞」買賣中起家的。

馬登之所以會選擇從事「馬糞」生意，說起來還有一段傳奇故事！

當馬登還在大學唸書的時候，有位教企業管理課程的老師，在講解經商之道時說：「怎樣才算是一個成功的商人呢？如果，他連馬糞都可以賣，而顧客也非常樂意購買的話，他就是一個成功者了。」

老師的這番話，深刻地印在馬登的腦海裡。

大學畢業後，約翰．馬登到雪梨市郊的一個馬會工作，當他第一天上班，看到一車車被運到附近農村的馬糞，以賤價出售時，忽然想起了老師說過的那番話。他開始認真思考著：「賣馬糞到底能不能賺大錢呢？」

於是，他花了兩年的時間，潛心鑽研農業、土地和肥料……等等相關知識，還將馬糞拿到實驗室裡，仔細分析研究，認真地進行試驗。

後來，終於讓馬登發明出一種可行的方法。他將馬糞提煉加工成顆粒狀肥料，然後低價出售。

這些顆粒狀肥料不僅施用後的成效高，而且無臭無味，每包以二澳元的合理價格出售，農民們都非常樂於使用。

推廣了一年後，約翰．馬登在年度結算時，淨賺的金額連他自己也不敢相信。沒想到這些原本被人們賤賣的馬糞，經過他的重新製作包裝，竟然為他帶來了一億美元的收入。

幽默作家馬克．吐溫曾說：「想出新點子的人，在他的點子沒有成功之前，人家總說他是異想天開。」

然而，不容否認的，如果你想讓自己事業有成，就必須要有勇氣做別人口中那個「異想天開」的人。

你必須時時「突發」一些別人認爲根本不可能的奇想和創意，如此一來，才能突破既定的框框束縛，走出一條屬於自己獨創的成功道路。

換個想法，就能找到致富的方法。從約翰．馬登的發跡過程中，我們可以深刻體會「遍地有黃金」這句話的道理。當然，這也得依靠他的智慧和鑽研精神，才能在平凡中開創如此不平凡的傳奇。

沒有人不想成爲大富翁，只是，有幾個人能像馬登一樣，肯花費心思挖掘財富在哪兒呢？

機會就在你身邊，不要用世俗的眼光去評斷事物的外表，而是用心去發掘內在的價值，只要你肯讓腦子靈活轉一轉，只要肯用心尋找，機會一定會出現。

因爲，這正是那些白手起家的傳奇人物身上，最重要的成功秘訣。

「出賣空氣」也是一樁好生意

只要充滿智慧，人生到處都是成功的機會，連空氣都能賣了，還有什麼不能賣？

成功的機會往往來自天馬行空的想法，許多人斥之爲荒誕無稽的念頭，其實正蘊藏著平常人看不見的機會。

能不能抓住這些機會，全看你是否具有獨到的智慧，以及鍥而不捨的毅力。

有一年，有個名叫洛克的美國商人，終於了卻自己的心願，忙裡偷閒來到日本富士山渡假。

徜徉在鳥語花香的山林之中，清新的空氣，青翠的草木，在在令洛克感到心曠神怡。洛克每走一步，便要深深地吸一口清新的空氣，心裡才會滿足。

這時，他忽然靈機一動，心想：「這裡的空氣這麼棒，我何不把它拿去賣呢？那些整天吸著混濁空氣的都市人，應該會想要多享受這裡的清新空氣吧！」

洛克並不是天馬行空想想就算了，而是馬上抓住這個靈感，展開一系列宏偉的計劃。他立即派人到富士山採集空氣，並且進行科學性的理論分析，發現其中的負離子非常豐富，而這也正是人們最需要的空氣維生素。

有了這個發現，開心的洛克便決定在富士山的山腰，創辦了「富士空氣罐頭廠」，專門生產這個令人感到不可思議的新產品。

這個創新的產品，對於那些飽受污濁空氣之苦的都市人來說，能夠一打開空氣罐頭，便享受到一股真實而清新的大自然氣息，簡直是個奇蹟。

當他們在身心疲累的時候，閉上眼睛呼吸到這麼舒適的空氣時，便有置身山林、田野或草地的感覺，渾身舒適享受，令人心曠神怡。

於是，神奇的「空氣罐頭」，一下子便風靡了都市人，後來洛克生產的「富士空氣罐頭」，不僅行銷日本市場，還出口到美國和歐洲呢！

「空氣罐頭」的開發，喚起的不只是人們對新鮮空氣的需求，還包含了對空氣維護的自省，而且也說明了，只要充滿智慧，人生到處都是成功的機會，連空氣都能賣了，還有什麼不能賣？

作家柯林斯曾經寫道：「愚人常把成功看得太容易而失敗，智者常把成功看得太困難而一事無成。」

其實，成功的法則很簡單，關鍵就在於能否抓住別人沒有發現的訣竅，能否發現別人沒有看見的機會。不過，訣竅與機會通常是隱晦的，需要透過不同的想法加以激發，而最能激發創意的地方就是大自然。

我們來自於自然，所以不可能棄自然而生，這也正是大自然永遠讓人們著迷的原因。每個人都渴望回歸山林，許多人在造訪大自然後，回到工作或生活崗位上時，才能重新激起了驚人的創造力。就像來到山林的洛克，在感嘆清新空氣之難得的同時，也激發他「出賣空氣」的創意。

試著把譏諷當作激勵

如果你想開創一番事業，就應該像斯泰雷一樣，試著把別人的嘲諷視為激勵，讓它成為逆境中前進的動力。

人在邁向成功的過程，所必須具備的堅毅特質，就是必須勇敢地去面對別人的譏笑與嘲諷。

因爲，譏刺的話語往往比刀劍還要銳利，會刺傷一個人的意志。

遭遇嘲笑，相信自己的能力最重要。

學會用理性、積極、樂觀的態度面對別人的嘲諷，就不會讓自己陷入無法達到的痛苦和挫折之中。

想獲得非凡的成功，想享受愉快的人生，首先必須保持健全的心理狀態，用積極樂觀的心境面對生活。

你聽過美國的玉米大王斯泰雷的故事嗎？斯泰雷十六歲的時候，曾在一家公司當售貨員，當時，他的職位和薪水都很低，工作量卻十分龐大。

在他心中一直有個偉大的願望，那就是要成為一個不平凡的人。但是，每當他流露這種想法的時候，公司的老闆便譏笑他異想天開、不切實際。

有一天，他又被老闆狠狠地訓斥了一頓：「老實說，像你這種人，根本不配做生意，你啊，徒有一身力氣，卻一點腦袋也沒有，我勸你還是到鋼鐵工廠去當個工人吧！」

老闆這番尖酸刻薄的話語，嚴重刺傷了斯泰雷的自尊，因為，他自認做事一直都非常小心謹慎，工作態度也非常主動積極，因此被老闆這麼一激，不禁出言反擊。

他立刻對老闆反駁說：「老闆先生，你當然有權力將我辭退，但是，你不可能消滅我的信心。你說我沒有用，那是你說的，這一點也不會減損我的能力。你看著吧！有一天我會開一家比你大十倍的公司。」

老闆到這個年輕小伙子竟敢出言頂撞，而且說出這番「不知天高地厚」的話，當然嗤之以鼻，立即將他開除。

誰也料想不到，幾年後，斯泰雷真的憑著自己的智慧，創造了驚人的成就，成為全美著名的玉米大王。

普拉斯曾說：「樂觀的人，在每一次憂患中，都能看到一個機會，而悲觀的人，則在每個機會中都看到某種憂患。」

的確，如果你的想法積極，就算是身處地獄，你也會把它看成天堂，假若你擁有消極的想法，即使你身在天堂，你也會認爲是在地獄。

如果你想開創一番事業，就應該像斯泰雷一樣，試著把別人的嘲諷視爲激勵，讓它成爲逆境中前進的動力。

其實，我們一點也不必害怕被人責難，因爲，有時候責難並非全然沒有道理的，或許自己眞的有不足之處也說不定。

因此，當我們聽到別人的指責，應該虛心記取，仔細反省自己是否有所缺失，並努力修正。

反省之後，如果自認沒有任何缺失，或是錯誤不在自己，就把這些嘲諷和貶抑轉化成動力，不要被他人看扁，激勵自己一定要比對方強，千萬不要被幾句惡毒的話給擊倒。

給自己一根釣竿討生活

與其給孩子們整簍「鮮活的魚」，不如給他們一根釣竿，讓他們學習自食其力的生存之道吧！

什麼才是生存下去的最好方法？

對於那些生活貧窮的人，許多成功人士都這麼說：「給他們食物，不如給他們一根釣魚竿。」

生活的意義不在於吃飽與否，而在於能否當個有用的人生活下去。

那麼，要如何生活？答案是擁有一技之長。

有一年，某個偏僻的鄉鎮遭逢天災，大水淹沒了整個村落，人們為了活命紛紛逃離故鄉。

其中，有兩個兄弟也準備要逃離這個村落，離開之前，村裡的一位長者，送給了他們一根魚竿，和一簍鮮美碩大的活魚。

兄弟兩人經過一番協調分配後，哥哥選了整簍活魚，弟弟則選擇了魚竿，接著他們便分道揚鑣，各自謀生去了。

在逃亡的過程中，哥哥自恃著有一簍鮮魚可以過活，便忘了認真思考未來，更沒有想到魚終會有吃完的一天，於是，他就這麼「坐吃山空」，最後因為沒有謀生能力，活活餓死在早已吃空的魚簍旁。

至於弟弟，則長途跋涉尋找自己的新生活，一路靠著釣魚為生，最後來到了一個漁村，開始過著捕魚為生的日子。

幾年後，他的捕魚技術越來越純熟，不僅建造了一艘漁船，還蓋了自己的房子，最後在這個漁村裡，建立了一個幸福安樂的家庭。

當我們看見故事中兄弟倆不同的選擇和不同的下場之後，是否更懂得生存的方法了呢？

不要期望坐享其成，就算繼承的遺產再多，如果不繼續努力，終有一天會坐吃山空；與其給孩子們整簍「鮮活的魚」，不如給他們一根釣竿，讓他們學習自食其力的生存之道吧！

如果說人生是一齣戲，那麼我們便都是人生舞台上主角，必須做的是，先解自己的角色和專長，使自己的表現更出色。

只要懂得如何生存，只要身懷一技之長，縱使景氣再差，運氣再壞，也總會有發揮所長的一天。

在意別人的眼光，就會被牽著鼻子走

多數人總是活在習慣的思維裡，大腦根本就沒有進行邏輯思考的能力，如果你在乎他們的眼光和看法，最後當然會被他們牽著鼻子走。

高爾夫球名將老虎．伍茲曾說：「別去管別人的期待，只要過自己應該過的生活，那麼你就會活得很快樂。」

人性心理的微妙之處，正是多數人在審核事情的時候，只看事情的表面，而不會去分析問題，如果你太過於在乎別人的眼光，就會追隨別人的價值觀，被人牽著鼻子走，活得不快樂。

有一天，卡里閒來無事，便和斯泰基做了一個打賭。

卡里信心滿滿地對斯泰基說：「如果我送給你一個鳥籠，並且將它掛在你的房中最顯眼的地方，我保證你一定會去買一隻鳥回來。」

斯泰基笑了起來，回說：「別傻了，養鳥是件多麼麻煩的事啊！我才不會去做這樣的蠢事。」

於是，卡里便去寵物店買了一個非常漂亮的鳥籠，然後要斯泰基掛在房中最顯眼的地方。過沒幾天，只要有人一走進斯泰基的房間，便會忍不住地問他：「斯泰基，你的鳥什麼時候死了，是怎麼死的呢？」

斯泰基回答：「我從來沒有養過鳥啊！」

接著，大多數人會這麼問：「那你沒事掛這個鳥籠幹什麼呢？而且還是個這麼漂亮的鳥籠！」大家都用奇怪的眼神看著斯泰基，好像他心理有著什麼毛病似的，看得斯泰基越來越覺得相當不自在。

後來，幾乎每天都有人來詢問相同的話題，並露出相同的疑惑眼神，終於讓不其擾的斯泰基屈服了。最後，斯泰基不得不買了一隻鳥，把牠放進那個漂亮的鳥籠裡，因為他知道，這比向大家解釋事情的緣由要簡單多了。

現實生活中，許多人都會像斯泰基一樣，一開始這麼想著：「只要我堅持不養鳥，卡里的預言就不可能成眞。」

但是，結局通常都和斯泰基一樣，爲何會如此？

因爲，大多數人看事所謂只看表面，就像斯泰基忽略了鳥籠的潛在功用，所以認定絕不會如卡里所言；但是，當華麗的鳥籠裡空無一物，沒有物盡其用，在外人的眼裡總會有所不解。於是，爲了阻擋外人的誤解，斯泰基只好讓步，使得卡里的預言成眞了。

其實，斯泰基若能堅持到底，絲毫不在意別人的眼光，他就不會這麼懊惱了，也不會因爲人們的誤解，而輸了這場賭局。

畢竟，多數人總是活在習慣的思維裡，大腦根本就沒有進行邏輯思考的能力，他們認定鳥籠裡應該有鳥，不可以只是裝飾的物品，如果你在乎他們的眼光和看法，最後當然會被他們牽著鼻子走。

不要向提著褲子的人開槍

我們經常受制於外在的事物，也很容易被自己的情緒所牽制，而導致各種背離人性的事情不斷地發生。

懂得公平競爭道理的人，機會必然會站在他這一方，也許剛開始的時候，無法獲得相同的待遇，但是，只要問心無愧，相信天理與公道必定會還給這類的人一個希望。

一九三六年，英國知名作家喬治．歐威爾偕同妻子，一同前往西班牙參加反法西斯的戰役，在這場戰役中，他一度性命垂危，所幸有驚無險，老天爺及時保住了他的性命。返回英國後，歐威爾在《西班牙戰爭回顧》書中，提到了一段難忘的經歷，這個經驗的分享給了讀者們極大的啟發。

他在書中寫著，有一天早晨，他們沿著陣地打狙擊戰，好不容易他也等到了一個目標，那是一個光著上身，並提著褲子的敵方士兵。

這是一個殺敵的大好機會，瞧敵兵如此狼狽，歐威爾肯定是十拿九穩了。

但是，當他準備舉槍射殺他時，心中忽然有了遲疑……

那時，歐威爾的手指霎時凝固似地，竟定在板機上無法動彈，而那個冒失鬼便在他的困惑中順利地走遠了。

之所以如此，是因為在歐威爾心中油然生起這樣一個聲音：「你不可以朝著一個提褲子的人開槍，因為在這個時候，他不能算是法西斯分子了，他顯然和你一樣只是個人，只是一個『人』！」

為什麼是一個「人」？看見敵兵提著褲子時，歐威爾似乎也看見了一個神聖的「生命」，在他身上，歐威爾看不見他的殺人色彩，他似乎從一個可怕的軍事符號，一種提供射擊的靶子的目標，還原成為一個普普通通的血肉之軀，一個簡單生命且活生生的人。

這名敵兵的確是個幸運的傢伙，因為他被敵人救了還不知道，只因為，他也碰上了一個「人」。

就在那一刻，如果歐威爾確實地執行了自己的命令，一個尊崇「人類生命者」的命令，換作是另一個狙擊手，他的褲子肯定永遠都提不上了。

故事到此，許多讀者紛紛回應著：「這是人與士兵的區別，人的希望也在這兒。」又有人說：「與其說是『歐威爾式』的行為模式，不如說是『人』的行為態度。」

作為「人」的歐威爾，在文章最後提到：「即使我明知該名士兵在不久之後，會用瞄準來回報我，但是，我仍然不會改變這個舉動，也絕對不會後悔這個決定。」

這是一篇頗富生命哲思的文章，著眼於人類生命的初衷，我們不妨汲取故事的精神，依此放入我們的現實生活中做一番對照與檢視。

如果，凡事我們都能像歐威爾一樣，將人放在單純的萬物生命中，也許就不會有這麼多光怪陸離，甚至是失去人性的事情發生了吧！

之所以會失去，是因為我們經常受制於外在的事物，也很容易被自己的情緒牽制。或許，適度的受制可以精采我們的生活，但是，我們卻經常過度地被它們牽制，導致各種背離人性的事情不斷地發生，更讓人類的存在價值越來越低。

學習歐威爾，把人心時時放置在人的立足點上，我們便會很自然地把心放在對等與尊重的平衡點上，只要我們能尊重彼此生命的價值與意義，那麼我們便會很輕易地把心放在包容與關懷的著眼點上，這些其實是每個「人」身上所存在的共同基因，沒有人會失去。

PART 5

心情輕鬆，腦袋自然暢通

仔細回想一下，當你放鬆心情的時候，思路是不是很快地就能澄清，許多靈感和想像都能激發出來呢？

心情輕鬆，腦袋自然暢通

仔細回想一下，當你放鬆心情的時候，思路是不是很快地就能澄清，許多靈感和想像都能激發出來呢？

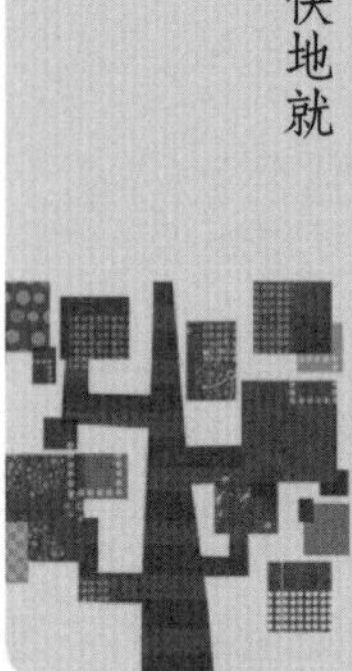

壓力是扼殺思考與創造力的元兇，面對壓力的時候，不妨置身在自然的環境中。因為芬多精的催化，會讓想像力特別旺盛，舒暢的環境會令人壓力盡釋，腦袋零阻塞，創意自然暢通無限！

冬天的時候，美國北部經常會有暴風雪發生，而且每一場暴風雪過後，總是壓斷了許多高壓電線，造成重大損失。

為了徹底解決這個問題，美國通用電力公司特別召開了一場討論會，並且鼓勵所有員工和專家們儘量提出建議，暢所欲言。

於是，有人提議沿著高壓電線增置加溫設備，以消融上頭的積雪，還有人提議安裝震盪器，抖掉線路上的積雪……等等，千奇百怪的方法都有，但是大多不可行，不過主持人仍鼓勵大家，儘量多想出一些絕招。

這時，忽然有人幽默地提議，不如用最簡單的辦法，就是下雪的時候，用大掃帚沿著高壓線清掃一回。

有人不以為然地接話說：「那恐怕得請上帝來清掃了！」

沒想到這句玩笑話竟激勵了一位與會者的靈感，他想：「要上帝抱著大掃帚來回奔跑，當然是天方夜譚，但是，我們可以用直升飛機來代替上帝，這樣一來不就可行了嗎？」

這是一個既簡單又經濟的方法，後來實驗證明非常有效，由此可見，集思廣益的腦力激盪方式，相當有助於開發創造力。

相信許多人都曾經體驗過，壓力過大時，很自然地便會鑽進了思考的死胡同裡，再也走不出來。

如果你問從事創意的人，如何才能讓自己特別有想像力，相信多數人會告訴你：「把心情放輕鬆，創意自然暢通無限！」

把心情放輕鬆，也是培養樂觀態度、激發創意的另一種方式。仔細回想一下，當你放鬆心情的時候，思路是不是很快地就能澄清，許多靈感和想像都能激發出來呢？

用意志力創造奇蹟

如果在你身上從來沒有奇蹟出現，那麼只要你現在下定決心，貫徹始終去做好一件事情，奇蹟很快就會發生的。

日本企業家稻盛和夫曾說：「人生的道路是由心來描繪的。所以，無論自己處於多麼嚴酷的境遇之中，心頭都不應任由悲觀消極的想法縈繞。」

想翻轉自己的未來，就必須積極調整自己的心態。你想過什麼日子，關鍵並不在於外在環境，而在於內在心境。心境決定你的處境，心態決定你究竟會有怎樣的未來。

人生的開始，是在你跨出的那第一步；奇蹟的發生，是在第一步跨出之後的堅持不懈。

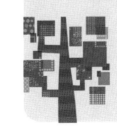

只要你不放棄，跌倒了會再積極地站起來，就算必須重新開始，奇蹟仍會適時出現，陪你一起把不可能的任務完成。

美國醫學界曾經發生過一個令人難以置信的案例。

有個叫羅伯特的男孩出生的時候雙腳便瘸了，病因是先天性胯骨錯位。

醫生搖搖頭對他的父母說，他這一輩子是不可能站起來行走了。

當羅伯特慢慢長大，看見別人能自由自在地走路的時候，心裡非常羨慕，總是不斷地在心裡祈禱，請求上帝幫助自己：「我也要和別人一樣走路，我知道上帝很愛我的。」

終於，羅伯特六歲那年，扶著兩把椅子勉強站了起來，但是只要一跨出步伐，想試著走走，便立刻應聲倒地。

但羅伯特一點也不氣餒，不斷告訴自己：「羅伯特，如果你想站著走路，就不可以放棄。」

意志是一種神奇的力量。他不斷向上帝祈禱，也一次又一次地嘗試，最後居然移動了腳步。

這時，羅伯特打從內心狂喜地尖叫了起來，高聲呼喊著：「我站起來了！我能走路了！」

家人全都跑了過來，驚訝得說不出話來，他的父母更是喜極而泣。

羅伯特不斷地嘗試走路，因為父母親的鼓勵和自己的毅力，後來終於能慢慢像鴨子般滑行。從此，他的生活變得非常快樂，生命充滿了活力和動力。

六十多年以後，有一天羅伯特發生了一場意外，造成左膝蓋受傷，隨即被送進醫院，並照了X光。

醫生吃驚地看著X光片，來到他的身旁，無法置信地問道：「你以前是怎麼走路的？」

因為X光片上顯示，羅伯特的臀部根本就沒有關節，也沒有大腿窩，如何能站起來？又如何能走路呢？

最不可思議的是，羅伯特竟然和平常人一樣活動了六十多年，經過醫生告知，才知道自己的臀部沒有關節和大腿窩！

世間的奇蹟無所不在，而且，往往只要充滿意志力，就會創造出凡人無法想像的奇蹟。

羅伯特的故事，正是意志力創造奇蹟的最佳例子。人的生命裡究竟有多少可能性？羅伯特的用行動回答我們：「人生充滿無限可能」。

如果在你身上從來沒有奇蹟出現，那麼只要你現在下定決心，貫徹始終去做好一件事情，奇蹟很快就會發生的。

人生的開始，是在你跨出的那第一步；奇蹟的發生，是在第一步跨出之後的堅持不懈。只要你不放棄，跌倒了會再積極地站起來，就算必須重新開始，奇蹟仍會適時出現，陪你一起把不可能的任務完成。

隨時與自己對話

只要能突破自己的心防，能在對手發現你的弱點前，自己先行發現並矯正，那麼就沒有什麼障礙可以阻擋你前進了。

英國政治家狄斯雷里曾說：「如果不知道自己想要什麼，就不會有機會，只有知道自己想要什麼，知道什麼才適合自己，才會看到機會。」

獨處的時間很重要，再忙也要找個機會和自己面對面，整理自己成功、失敗裡的缺漏。

正視它們，或許將缺點重新包裝，也會成爲你另一個完美的優點。

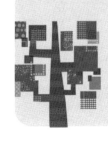

凱斯特原本從事汽車維修工作，日子還算過得去，但是，他想讓自己和家人過更舒適的生活，所以開始重找工作，希望獲得更好的待遇。

有一天，他聽說底特律有一家汽車維修公司正在招聘員工，便決定前往一試。抵達的當天，吃過晚飯後，他在旅館房間內想著自己的過去和未來。

突然間，他對前途感到一種莫名的煩惱，心想：「我的智商又不低，為什麼至今仍一無所成，毫無出息呢？」

於是，他拿出了紙和筆，寫下四位自己認識多年，薪水比自己高，工作環境也比自己好很多的朋友的名字。

為了理清問題，他捫心自問：「與這四個人相比，我有什麼地方不如他們呢？是聰明才智嗎？他們並沒比我高明多少。」

凱斯特想了很久，忽然發現了問題的癥結，他明白關鍵出在自己性格和情緒上的缺陷。

這時雖已凌晨三點，但是他的頭腦卻非常的清醒。因為，這天晚上他清楚地看見了自己，發現自己有著過去一直沒有察覺的自卑傾向。

當下，他立定決心，要求自己不再自貶身價，更不再有不如別人的想法，並改進自己性格和情緒上的缺點。

第二天清晨，他便滿懷著自信前去面試，也順利地被錄用了。

工作了兩年，凱斯特逐漸建立了自己的聲譽，每個人都認為他是個樂觀、主動且熱情的人，即使景氣不好，多數人的情緒因此而受到影響，凱斯特卻一點也不受干擾。

不管身處什麼樣的逆境，凱斯特都能樂觀面對，成為同行中，少數可以接到生意的人，公司不僅分給凱斯特股分，還調漲了他的薪資。

每當人們問起他如何成功時，他都會想起面試前，那個難得與自己對話的機會，讓他建立自信的那一晚。

要看見自己的缺點和弱點，其實一點也不難，只是很多時候，我們習慣用沙土把它掩蓋，卻鮮少想到要將這些生命的缺口縫補起來。

從凱斯特身上，我們可以看到，並非所有的成功都得仰賴超凡的智慧，最重要的是，要對自己充滿信心，一發現自己的不足之處就立刻改善，才能使自己的事業不斷前進，實現自己的夢想。

我們常說：「人最大的敵人不是別人，而是自己」，的確，只要能突破自己，能在對手發現你的弱點前，自己先行發現並矯正，那麼就沒有什麼障礙可以阻擋你前進了。

你就是自己最有力的貴人

試著在痛苦或不堪的時候，對著鏡裡的自己反省，為什麼自己會變成這副模樣？相信更能疏通自己的負面思緒，建立起自信心。

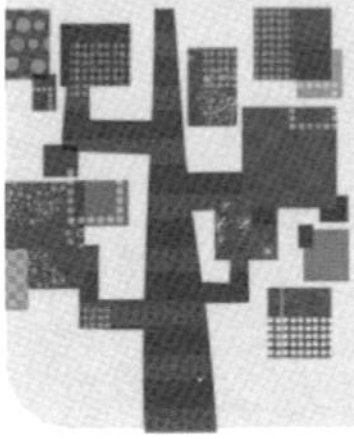

無論外在環境如何惡劣，無論眼前際遇如何不堪，如果你想增強自己的價值，想讓自己活得更好，那就必須鼓起勇氣面對。當生命遭遇困難之際，只要你願意用積極樂觀的態度面對現實，就能翻轉自己的未來。

人生起伏不定，不管順境或是逆境，都是自己的人生。

面對困境，有很多唾手可得的解決方法，至於能不能醒悟，其實在於你面對事情與生活的態度。

工廠宣告倒閉後，查理失去了所有財富，成了一個名副其實的窮光蛋，不得不四處流浪，過著乞討的生活。

每天心情都非常沮喪的查理，一直無法面對這個殘酷的事實，好幾度都想自殺。直到有一天，他遇見了一位牧師，人生才有了轉變。

查理一把鼻涕一把眼淚地哭訴著，將自己如何破產、如今流浪的事情，從頭到尾細細地說了一遍，然後請牧師指點，如何才能東山再起。

牧師望著他，沉默了一會兒才說：「我非常同情你的遭遇，我也很希望能夠幫助你，但是，很對不起，我實在無能為力。」

查理的希望像泡沫一樣，突然間全部幻滅，看著牧師喃喃說道：「難道我真的沒有出路了嗎？」

牧師思考了一下說：「我雖然沒能力幫你，但我可以介紹你去見一個人，相信他一定可以協助你東山再起。」

「這個人是誰？他真的有能力幫我？」查理有點懷疑地問。

於是，牧師帶著查理來到一面大鏡子前，用手指著鏡子說：「我要介紹的人就是他，全世界只有這個人能使你東山再起，所以，只要你好好認識這個人，然後下定決心去做，你就一定會成功。」

查理往前走了幾步，愣愣地望著鏡子裡的自己，他用手摸著長滿鬍鬚的臉，望著頹廢的神色中那對帶著迷惘無助的雙眸，不禁啜泣了起來。

第二天，查理又來見牧師，不同的是，這一天他幾乎換了一個人似的，不僅步伐輕快有力，雙目更是堅定有神。

他對牧師說：「我終於知道我該怎麼做了，謝謝您，是您讓我重新認識了自己，今天我找到了一份不錯的工作，相信這會是我成功的開始。」

遇到問題，許多人只會宣洩負面的情緒，讓自己的腦海充滿悲觀、消極的想法，卻不去正視問題。

於是，再次遇上相同的困難的，情緒便比上一次更加猛烈，問題的糾結便卡在心中，無法開解之餘，便會成為憂鬱症患者，或是淪為逃避現實的流浪漢，甚至想要以自殺的方式了結自己的生命。

就像故事中牧師教導查理的，試著在痛苦或不堪的時候，對著鏡裡的自己反省，爲什麼自己會變成這副模樣？

解鈴還須繫鈴人，面對面問自己，或直指自己的不是，相信更能疏通自己的負面思緒，建立起自信心。

唯有認識鏡中的自己，你才能爲自己明指一條嶄新的人生大道。

換個角度思考自己的出路

不要只會從直線的角度思考，解不開問題時不妨轉個角度，也許癥結正是出在另一端。

激發你的思考潛力，想事情的時候不要執拗地只鑽一個孔洞，或許出口就在這個一直無法突破的洞孔旁邊。有時候，只要你向後退幾步，開闊自己的視野，重新觀察問題，出口便會豁然開朗地出現。

麥克是某家大廣告公司的高級主管，但是，後來他卻在工作上遇到難題，面臨了去留兩難的情況。

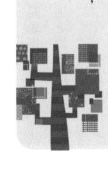

其實，麥克非常喜歡自己所從事的工作，更喜歡付出多少便得到多少的薪水待遇，但是，他卻越來越討厭阻擋自己更上一層樓的上司，經過這麼多年的忍受，他覺得自己已經到了忍無可忍的地步了。

幾經思考，他決定透過人力仲介公司協助，重新找分適當的工作。仲介公司的人看了他的條件後對他說，他想找到一個類似的工作並不難，很樂觀地請他回去等候好消息。

回到家，麥克把跳槽計劃告訴了妻子。

麥克的妻子是位高中教師，這幾天她剛好與學生們討論「重新界定」的概念，於是建議麥克不妨「重新界定」自己的問題。

妻子告訴麥克，所謂的重新界定，就是把你正在面對的問題換個角度想，試著把問題倒過來看，不僅自己要用不同的角度看問題，同時也要從其他人的角度思考問題。

接著，妻子把上課的大概內容講給麥克聽。麥克聽了妻子的話後，忽然有個大膽而兩全其美的創意在他腦中浮現——與其自己離職，倒不如請上司離職。

第二天，他又來到人力仲介公司，這次他想請公司替他的上司找工作。

不久，他的上司接到了人力仲介公司挖角的電話，要請他跳槽到別家公司任職。儘管他完全搞不清楚狀況，但是，他正巧對自己現在的工作感到厭倦，而且對方開出的職位、待遇也相當不錯，所以他一點也不猶豫，立即接受了這分新工作。

由於上司接受了新的工作，他的位置便空了出來，於是麥克立即名正言順地坐上了上司的這個位置，更愉快地從事自己的工作。

這是一個相當有趣的故事，麥克本來是要重新找分工作，躲開令人討厭的上司，但是，因爲妻子的一番話，讓他學會從不同的角度去思考問題。

重新界定之後，他仍然做著自己喜歡的工作，不僅擺脫了令人懊惱的上司，還得到了盼望已久的升遷。

雖然麥克的例子並不普通，但面對問題的方法卻仍然通用。不要只會從直線的角度思考，解不開問題時不妨轉個角度，也許癥結正是出在另一端。

想要成爲一個成功的人，必須讓自己充滿創意，不畏艱難挫折，堅定向目標挺進。除此之外，遭遇難題之時，更必須發揮應有的敏銳度，試著「重新界定」問題，轉換原本的思考模式。

因爲，絕大多數人的失敗，都失敗在不懂得改變自己的想法。

真相與荒謬只相差一秒鐘

觀察角度不同，自然就會得到不同的結果，但是有的人不僅觀察力差，還會任意捏造，不願對事件的真實性負責。

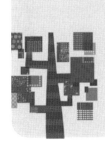

當人們觀察眞相的能力薄弱時，片面之詞或以偏概全的情況便會增多，不僅會造成諸多社會亂象，做事更會欠缺謹慎，一旦造成眞相與荒謬的爭論，問題便難以找到解決的辦法。

在一個心理學的會議上，正當與會學者熱烈討論時，突然闖進了一個人，而且這個人身後還緊跟著另一個人，兩人就這麼在會場中追逐，使得整個會場陷入一片混亂。

不久，在後面追著的那個人，在混亂中開了一槍後，便衝了出去。

其實，這是主辦單位精心安排的戲碼，整個過程大約持續了二十秒鐘，主辦單位還將會場裡的情況全部錄了下來。

隨即，會議主席請與會的所有心理學家們，詳細寫下自己目睹的經過。

結果，主辦單位發現，交上來的數十篇報告中，僅有一篇在事實描述上，發生的錯誤少於百分之二十，其他有十四篇的錯誤情況大約百分之四十；另外二十五篇則有百分之四十以上的錯誤，還有二十篇以上的報告中，竟然大部分的細節純屬捏造。

類似這種「觀察能力」的實驗，有不少心理學家重複進行了許多次，結果情況都大致相同。

這項實驗證明了一個普遍的情況：人在觀察事物的時候經常充滿盲點。

觀察角度不同，自然就會得到不同的結果，但是有的人不僅觀察力差，還會任意捏造，不願對事件的眞實性負責。

這是因爲，在事發當時，大多數人都沒看見問題的癥結。

實驗所表達的，是人們觀察力不足時的嚴重性，也說明了，眞相與荒謬之間的差別，就在於你多專注觀察的那一秒！

培養實力，等於累積財富

許多富翁不是他們本來就有錢，而是懂得財富的難得，知道要付出難以計數的努力，充分累積自己的實力，財富才會長久。

仍在努力攀爬階段的你，看到別人坐擁財富的時候，千萬別灰心，因爲沒有人不必經歷磨練就能一步登天，或是永久擁有財富。

不要好高騖遠，也不必羨慕、嫉妒，認眞踏實地爲自己打下成功的基礎吧。

遠古時代，巴比倫有位買賣黃金致富的富翁名叫阿卡德，膝下只有一個兒子，叫諾馬希爾。

當諾馬希爾成年的時候，阿卡德決定把遺產交給他前，讓他先到外面去闖闖，測試他買賣黃金的經營能力，以及有沒有能力贏得眾人的尊敬。

阿卡德對諾馬希爾說，只要他具備了這些才能，他才可以繼承這些遺產。

於是，諾馬希爾帶著父親送給他的兩樣東西，便離開了家鄉。

這兩樣東西就是：一袋黃金和一塊泥板，在這塊泥板上，列著如何保住這袋黃金的五大建言。

離開家鄉以後，諾馬希爾歷經了十年的闖盪，歷經了各種磨難，曾經身無分文地流落街頭，也曾被捉去當奴隸。但是，每當遇到不幸的時候，他都會想起父親刻在泥板上的五條定律，告訴自己無論如何都要咬緊牙關撐過去。

最後，他不僅保住父親給他的這袋黃金，而且還多賺了兩袋黃金返鄉，十年的歷練讓他證明，自己的無限可能與實力。

台灣也有類似的例子，有個老爸爸的財富到達億萬，但是他爲了讓幾個孩子有所成就，一家人一直過著貧困的生活。孩子們因此磨練得很有成就，直到分家產時，老爸爸才把事實說了出來。

多數人只會看見富翁的財富，卻看不見他們在成爲富翁之前的辛苦，甚至包括富翁的子女也看不見。

所以，有遠見的富翁會以培養孩子的競爭實力爲目標，讓自己的財富能夠長久保留下去。

而這也正是富者越富的原因之一，許多富翁不是他們本來就有錢，而是他們比任何人都懂得財富的難得，知道要付出難以計數的努力，充分累積自己的實力，財富才會長久。

能對自己誠實就不會被騙

是被騙，還是自欺，其實兩者之間的差異並不大，如果不是我們心中有了隱藏缺點的自欺，也不會被人們看見心中的弱點。

《君王論》的作者馬基維利曾經說過一則定律：「騙子總是能找到願意上當、受騙的對象。」

騙人是一種詐術，受騙則是一種損失，在這個充滿欺騙訛詐的時代，每天都上演著騙人與被騙的戲碼，不禁讓人好奇，騙子到底都是怎麼騙人的呢？又該如何小心提防呢？

有句成語叫「慾令智昏」，意指我們的心被慾望佔滿時，不僅會喪失自己本該堅守的尺度，還會因爲慾望的蒙蔽，失去了理性的判斷能力。

如果你不欺騙自己，就沒人能欺騙你。

埃及的迪拉瑪被稱為一座魔鬼城，從比東法老到蘭塞法老的六百年間，只要走進小城的外地人全都被騙過。

史書記載，第一個來到這兒的是位阿拉伯商人，他想來這裡買些銀器回國去販賣，結果卻被一個帶路的小孩子騙走了腳上的皮靴。

還有一個來自大馬士革的旅行者，他計劃到帝王谷尋寶，沒想到進城不到十五分鐘，就被一個吉普賽人將他身上的財務騙個精光。

甚至有位印度巫師，也無法逃過被騙的厄運，在他身上唯一的銅蛇管，也莫名其妙地被一名啞巴騙走。

對於這座魔鬼城也有著許多傳說。有人說，迪拉瑪是上帝的獅子、水牛和天狼三顆星座，在地球上投射點的中心，因為地理位置特殊，只要是外地人一走進這座城市便會頭昏腦轉。

此外，還有人說，埃及法老圖坦卡蒙曾經對此地下了咒語，為了避免外地人擾亂法老的安寧，在這個入口處，他便下了「讓你破財」的詛咒，仁慈地提醒人們別再靠近帝王谷。

不過，這些傳說卻讓古希臘的一位哲學家所破解。

因為，他在城裡住了一年，不僅頭腦相當清晰，而且隨身攜帶的東西一件也沒有少過。

這個消息後來傳到一位羅馬商人的耳中，他連忙四處找尋這位希臘哲學家，因為他想：「他一定知道破解法老咒語的辦法！」

但是，當羅馬商人找到哲學家的蹤跡時，卻已是一堆枯骨，原來哲學家早在五年前就已去世了。

不過，哲學家的門生告訴他：「老師在臨終前，曾在摩西神廟的石壁上留下了一句話，那句話是他從埃及回來後寫上去的。」

於是，商人連忙來到神廟，仔細地凝視著石壁上的哲言：「**當你對自己誠實的時候，世界上就沒人能欺騙得了你。**」

在羅馬羊皮書裡寫著：「一個人的智慧能制約另一個人的智慧！」是被騙，還是自欺，其實兩者之間的差異並不大，因爲，如果不是我們心中有了隱藏缺點的自欺，也不會被人們看見心中的弱點。

「你能對自己誠實，那麼就沒有人欺騙得了你了！」

在這個自滿於高科技的世代裡，不妨再拿出塵封已久的前人哲思，細心品讀，因爲當我們自困於複雜的理論思考時，或許從前人的簡單領悟中，我們更能明白每件事的因果關係。

我們在發出抱怨和斥責聲時，要懂得先自我省思，那麼就能清楚看見，眞正下「詛咒」的人不是別人，而是我們自己。

不要用金錢的角度衡量事情的價值

有付出就應當有回饋，不要從金錢的角度去衡量事件的價值，因為其中真正的價值是你的付出。

所謂「勞力之財不自卑」，只要是理所應得，我們就不必在乎收得的是大錢小錢，或是自己的工作卑微與否。

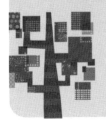

因爲，其中的價值衡量始終都在我們的心中，正如出身於「小人儒」階級的孔子，不也曾大方地說：「吾少也賤，故多鄙事。」

在一個又髒又亂的候車室裡，有一位滿臉疲憊的老人家，正坐在靠門邊的位置，只見他的全身都是塵土，鞋上也沾滿了污泥，似乎剛走完一段漫長又辛苦的路途。

當列車緩緩進站，站務員開始剪票，老人家也急忙地從座位上站了起來，準備前往剪票口。

忽然，有位胖女人提著一個很大的箱子走了進來，似乎是趕著要搭上這班列車，問題是箱子實在太笨重了，累得她不斷地喘氣，不時停下來休息。

這時，胖女人瞥見正在前進的老人家，連忙衝著他喊道：「喂，老頭子，麻煩你幫我提一提這個箱子，我待會兒給你小費。」

老人家回頭看了看，便走過去幫忙，並一塊兒和胖女人朝著剪票口方向走去，當他們才剛踏入車廂，火車便啟動了。

胖女人這時抹了抹汗，慶幸地對這個老人說：「多虧你了，不然我肯定要錯過這班車子。」

說著，她拿出一塊美元給老人家，老人家也微笑地接過。

這時列車長走了過來，看見了老人家，便笑著問候：「洛克菲勒先生，你好啊！歡迎您乘坐本次列車，有沒有需要我幫忙的地方呢？」

「謝謝，不用了，我只是剛完成一趟為期三天的徒步旅行，現在我要回紐約了。」老人家客氣地回答。

「什麼！洛克菲勒！我竟然讓著名的石油大王提箱子，還給了他一塊美元的小費，我這是在做什麼啊？」

胖女人忽然驚聲叫喊道，接著又連忙向洛克菲勒道歉。

只見洛克菲勒笑著說：「夫人，妳不必道歉，妳沒有做錯，這一塊美元是我賺來的，所以我必須收下。」

說著，洛克菲勒鄭重地將這一塊美元，小心翼翼地放進了口袋裡。

從胖太太和石油大王洛克菲勒互動的這則軼事中，我們其實看見了人們對於價值認定的不同。

就胖太太的觀念裡，也許我們也和她想的一樣，那樣有錢的人對這區區一塊錢肯定不屑，說不定還會感到被羞辱。

但事實上，對身爲成功企業家的洛克菲勒來說，有付出就應當有回饋，所以他在故事中的表現意義，正是要說：「財富的價值並不在於金錢數字上，而是在交換金錢時的那個付出，即使只有一塊錢，也理應得到，一點也不需要因此而感覺羞愧。」

我們再將之延伸，其實故事中的旨意是要告訴我們，不要從金錢的角度去衡量事件的價值，因爲其中眞正的價值是你的付出，而洛克菲勒的成功，正在於他懂得什麼是「取之有道、理所應得」的道理。

PART 6

給自己多點鼓勵，到哪裡都是第一

假使你的能力有限，無法做出一番轟轟烈烈的大事，也不用灰心，好好發揮你的專長，就是自己的第一名。

只要有愛，奇蹟就會存在

只要堅信「奇蹟」會發生，事情就會有所轉折。奇蹟會降臨任何地方，只要真誠的心和愛的行為，就可以改變人的一生。

當我們還是個孩子時，信心從來不會動搖。

我們相信有聖誕老公公，在平安夜將禮物放在床頭的襪子裡；認為天空會下雨，是因為海龍王在工作。我們總是活在奇妙與期待的世界裡，就算奇蹟發生，也不會訝異。

直到長大成人，世界沒有改變，可是我們的態度卻改變了，觀看萬物的眼睛也變了，認為「奇蹟」根本是不可能的事。

然而，奇蹟依然常常出現在身邊，只是我們不曾發現。

瑪莎滿十歲的兩個月前，父親不幸身亡，只剩多病的母親和她相依為命。

聖誕節的前一天，母親給了瑪莎全家僅有的五美元，讓她上街為自己買些喜歡的聖誕禮物。

瑪莎拿著錢，去找媽媽的主治醫生奧克多醫生，把五美元遞給他，小聲請地求道：「奧克多醫生，您能為我母親做一次腰椎治療嗎？」

只見奧克多醫生搖了搖頭，無奈地回答道：「瑪莎，五美元是不夠的，最少也得五十美元。」

瑪莎聽了失望地走出診所。

瑪莎走在大街上，發現在一個角落裡圍了很多人，她擠進去一看，是一個街頭輪盤賭局。輪盤上依次刻著二十六個阿拉伯數字，每個數字都對應一個英文字母。賭局規則是：不管押多少錢，也不管押什麼數字，只要輪盤轉兩圈後，指針停在選擇的數字上，都將獲得十倍的回報。

瑪莎猶豫了一會，心想如果贏了，就可以請醫生為媽媽做腰椎治療了。

於是她把手中的五美元放在第十二格上。輪盤轉兩圈後，真的停在第十二格，瑪莎的五美元變成五十美元。

第二局開始了，輪盤再次旋轉，瑪莎又把五十美元放在第十五格。她又贏了，五十美元變成五百美元，人們開始注意起瑪莎。

莊家問：「孩子，妳還玩嗎？」

瑪莎沒有回答。

第三局開始，瑪莎看著輪盤，遲疑了一下，就把五百美元放在第二十二格。結果，她擁有了五千美元。

莊家的聲音顫抖了：「孩子，繼續嗎？」

瑪莎沒有理會，認真地望著輪盤。

第四局開始時，瑪莎鎮定地把五千美元押在第五格，所有的人都屏住了呼吸。不到一分鐘後，有人忍不住驚呼：「上帝啊，她又贏了！」

莊家快哭了：「孩子，妳……」

瑪莎看了看莊家認真道：「我不玩了，這些錢足夠請奧克多醫生為我媽媽做長期治療了。」

瑪莎走出人群後，圍觀的人都看著她的身影發愣，有人開始計算連續四次猜對的機率有多少。莊家則像個呆子似地凝望著自己的輪盤，突然喊道：「我知道我輸在哪裡了，那個孩子是用她的『愛』在跟我賭博啊！」

人們這才注意到，瑪莎投注的「十二、十五、二十二、五」四個數字，對應的英文字母正是L、O、V、E。

人生過程當中，經歷過失敗和折磨，其實並不是什麼壞事，因爲，有什麼樣的經驗，就會成爲什麼樣的人；經驗越豐富，人的個性就越堅強。只要你堅信奇蹟總會適時出現，就能體會生命的快樂和更深層的意義。

原以爲再也找不到的失物，突然出現在屋子的某個角落；彼此交惡的兩人，因爲某個微不足道的事情而改變心態；大局已定的比賽，突然出現大逆轉。這些都是「奇蹟」，只是被忽略了。「奇蹟」並非要神像鬍子變長、聖母流淚，才算奇蹟。

人能活在世界上，就是一種「奇蹟」。只要堅信「奇蹟」會發生，並且努力讓它發生，事情就會有所轉折。

就像瑪莎對母親的「愛」，出現永遠不敗的「奇蹟」。

奇蹟會降臨任何地方，只要眞誠的心和愛的行爲，就可以改變人的一生。

每個生命都可能助人擺脫困境

只要能尊重每一個生命，自然也會得到相同的幫助，學著愛自己以及萬物的生命，就是對自己最好的生活方式。

有一則新聞報導：一名男子在二十年前不小心跌落入河中差點溺斃，所幸及時被人救起。最近，他的救命恩人腎臟出了問題，這名男子馬上捐出一顆腎給他，報答當年的救命之恩。

這個世界上，很多事情都有因果關係，若仔細去追查就會發現，事情的發生並非偶然，一切早就安排好了。

這樣說來，幸福也能自己掌握。愛心在哪裡開花，就會在哪裡結果。

有個名叫弗西姆的婦人，住在波西尼亞的某個小村莊裡，有兩個可愛的兒子和一個在奧地利工作的善良丈夫。有一天，丈夫從奧地利帶回兩條金魚，養在家裡的魚缸裡。

不久，波西尼亞戰爭爆發了，弗西姆的丈夫為了國家犧牲生命，戰火也毀滅了他們的家園，弗西姆只好帶著孩子逃難到他鄉。臨行前，弗西姆並沒有忘記那兩條金魚，這是丈夫給自己和孩子的禮物，而且牠們也是兩條生命，匆忙間，她把金魚輕輕放入一個小水坑後才出發。

幾年以後，戰爭結束了，弗西姆和孩子們重返家園。那時家鄉仍是一片廢墟，弗西姆不知道要怎麼做才能重振家園，恢復生機。忽然，她發現在她曾放入金魚的小水坑裡，浮動著點點金光，仔細一看，原來是一群可愛的小金魚。

弗西姆心想，牠們一定是那兩條金魚的後代。她覺得自己看到了希望，就像看到丈夫的鼓勵一樣。於是，她和孩子們用心飼養那些金魚，相信生活會像金魚一樣，越來越好。

弗西姆和金魚的故事逐漸流傳開來，人們因為這個故事而感動，紛紛從各地趕來，觀賞這些金魚。當然，臨走前也不忘買上兩條金魚帶回家飼養，因為那些金魚象徵著希望。

沒有多久時間，弗西姆和孩子們藉著賣金魚的收入，得到幸福的生活。

這一切都得是源自於弗西姆的愛心，她沒有放棄任何生命生存的機會，哪怕只是拯救兩條金魚。

我們都不是聖人，大多時候無法把事情做到盡善盡美，有時自私了點、小氣了點，可是我們的本性還是善良的。

只要能尊重每一個生命，自然也會得到相同的幫助。就像弗西姆在戰亂匆忙逃亡之際，也記得留給金魚一條生路。

每次飼養寵物的熱潮過後，就見到滿街被拋棄的流浪貓、狗。爲了享受短暫養寵物的樂趣，人們讓這些小生命繁殖、出生，再將牠們丟棄，都是非常殘忍、不尊重生命的做法。

人雖然有權決定自己的做法，但也不能輕易踐踏小生命求生的權利。生命，會自己找到出路，前提是我們必須給牠機會，讓牠有生存的空間。

只要願意傾聽、接納，並且學著愛自己以及萬物的生命，就是對自己最好的生活方式。

讓生活簡單，就沒有負擔

有很多人總是將生活想得很複雜，使自己無法輕鬆起來。讓生活簡單一點、幽默一點，別讓已經夠忙碌的心靈徒增負擔。

人生不如意事十之八九，如果能換個角度，用輕鬆、幽默的態度看待，一切都會簡單許多。

牛頓說過：「愉快的生活，是由愉快的思想造成的。」

在生活忙碌的步調中，人們都該學會紓解自己的精神壓力，適時切換腦袋開關，將「緊」轉為「鬆」，用舒服的身心迎接生命的下一刻。

只有懂得做自己的生活大師的人，才能讓自己活得輕鬆自在。

一位神父接到主教分配的任務，必須將一千本《聖經》銷售出去。神父覺得自己只能完成三百本的銷售量，於是決定找幾個「能幹」的小男孩幫忙賣掉剩下七百本《聖經》。

神父對於「能幹」是這樣理解的：小男孩必須討人歡喜，口齒伶俐，讓人們欣喜地做出購買《聖經》的決定。

按照這樣的標準，神父找到了兩個小男孩，這兩個男孩都認為自己可以輕鬆賣掉三百本《聖經》。即使如此，還是有一百本沒有著落。

為了完成主教分配的任務，神父降低了標準，找來了第三個小男孩，給他的任務是「儘量賣掉」一百本《聖經》，因為第三個男孩有嚴重口吃的毛病。

五天過去，那兩個小男孩回來了，向神父報告販賣的情況並不是很好，他們兩人加起來只賣了二百本。神父覺得不可思議，為什麼兩個人總共只賣掉二百本《聖經》呢？

正在發愁的時候，那個口吃的小男孩也回來了。他的《聖經》全部都賣完了，而且還帶來一個令神父激動不已的消息，他的一位顧客願意將剩下的所有《聖經》都買回去。

這意味著神父將賣掉超過一千本的《聖經》，無疑地會更受主教的青睞。

神父感到非常迷惑，自己看好的兩個小男孩讓自己失望，而當初根本不當一回事的小結巴卻成了自己的福星，神父決定問問他是怎麼辦到的。

於是神父問小男孩：「你講話都結結巴巴的，怎麼會這麼順利就賣掉我所有的《聖經》呢？」

小男孩答道：「我……跟……見到的……所有……人……說，如果不買，我就……唸《聖經》給他們……聽。」

有句話是這樣說的：「沒有幽默感就像是車子沒有避震器，每個小坑洞都會使你顛簸不已。」

當你看完這則幽默的小故事時，可能忍不住哈哈大笑，然後思考一個嚴肅的課題：「人們生命中的缺陷，有時候反而會成爲一種助力。」

其實，很多事情並沒有想像中複雜，可是偏偏有很多人總是將生活想得很複雜，使自己無法輕鬆起來。

就像故事中的神父，把「賣聖經」這個任務看得太嚴肅，擔心要賣的數量、未來的前途、小男孩結巴的缺陷……種種的問題讓他的心情起起伏伏，無法平靜，在想太多的情況下，一切都變得不簡單。

讓生活簡單一點、幽默一點，別讓已經夠忙碌的心靈徒增負擔。

給自己多點鼓勵，到哪裡都是第一

假使你的能力有限，無法做出一番轟轟烈烈的大事，也不用灰心，好好發揮你的專長，就是自己的第一名。

每一個人要能走出自己的路，不管這條路是寬廣或狹隘，只要能通到彼岸，就不必在乎路的大小。

社會上，存在著無形的階級制度，有來自外界的排名，也有自己給自己的排名。相互比較是人們無法改變的習性，也因爲這樣而有了競爭。

最初的成功，不代表永遠的第一，就像跑馬拉松，贏得好成績的人，最開始不一定是跑最快的那一個。

所有的競爭只有一個要點，那就是有沒有接受挑戰的勇氣，以及堅持下去的毅力。

一個成績中等的孩子，每次看到隔壁同學輕輕鬆鬆就考了第一名，而自己卻努力了很久才得到第二十一名而已，不禁感到很疑惑，為什麼自己的成績只能排名中間？

有次回到家後，他認真地問媽媽：「我是不是比別人笨呢？我上課跟大家一樣認真聽講，回家也好好複習功課，把作業寫完，為什麼還是趕不上別人？」

母親聽了孩子的話心裡很難過，她知道學校的排名制度傷害了兒子的自尊心，也曉得他是真的盡力了，因此不知道該如何回答他。

又一次考試，孩子考了第十七名，隔壁的同學還是得到了第一，回家後他又問了媽媽相同的問題。那時媽媽心裡想著，人的智商的確有高低的差別，能考第一名的天生就是比別人聰明，但是她沒有說出口。

有時候，母親會想說出成千上萬的父母不斷重複的那幾句話：「你還不夠用功，必須多花一點時間在功課上，不要再貪玩了。」

但是她覺得，自己的兒子並非不努力，她不想再增加孩子的心理負擔，因此不斷的思索著該如何找到一個好答案。

直到孩子小學畢業，他的功課仍然沒有迎頭趕上，不過與過去比較，成績確實一直在進步。為了鼓勵孩子，母親終於找到一個完美的答案。

她帶著孩子到海邊，坐在沙灘上觀望著海浪，指著大海對兒子說：「你看那些在海上爭食的鳥兒，當海浪打來時，小灰雀總能快速的飛起來，拍個翅膀兩三下就升上天空，躲過海浪的襲擊，但體型較大的海鷗，就要笨拙地花上很長的時間，才能從海面飛上天空。然而，真正能飛越大海橫過大洋的，卻是海鷗了。」

因為這個答案，孩子再也不擔心他的排名，努力地求進步，最後以全校第一名的成績考上一所好大學。

聖嚴法師講過一個小故事，小時候，有一次和父親在家鄉的河邊漫步，正巧看到一群鴨子要渡河，聖嚴法師的父親指著鴨子告訴他：「孩子，你看每一隻鴨子在水面上都游出屬於自己的一條水路。大鴨游出大路、小鴨游出小路，但是，最終牠們都會游到對岸。」

影響一個人最深、最長遠的，就是家庭教育。學校雖然可以傳授知識，卻無法涵蓋所有的生活面，這時候家長就扮演一個很重要的角色。

父母和師長眞正的責任，是去了解孩子們的才情，而不是光以成績單、考卷分數來評斷孩子的好壞，應該給予他們多一點欣賞和鼓勵。

假使你的能力有限，無法做出一番轟轟烈烈的大事，也不用灰心，因爲世上的平凡人佔大多數。只要記住天生我材必有用，好好發揮你的專長，就是自己的第一名。不管你落點在哪兒，都是第一名。

想要快樂，你就會活得更快樂

為什麼將自己關在情緒的集中營裡面呢？如果能換個心態，調適自己，多點幽默感、多看光明面，世界將會有所不同。

有些人覺得每天上班的日子苦不堪言，一到公司就等下班；也有些人覺得自己很難快樂得起來，生活總是充滿挫折與不滿。

其實，「境由心生」，心中滿是喜樂的人，日子也會過得喜樂呢！

有一位名叫維克多的猶太裔心理學博士，曾經在德國納粹集中營被關了很長一段時間。

在集中營裡，許多人飽受凌辱，瀕臨瘋狂。維克多知道，如果控制不好自己的情緒，很難免於精神失常的厄運。

於是，他強迫自己不再去想那些倒楣的事情，而是在心裡幻想著自己走在演講的路上，來到了一間寬敞明亮的教室裡，精神飽滿地發表演說。

每次想到這些，他的臉上就會慢慢地浮現出笑容。

他每天都強迫自己想一些值得高興的事情，也堅信自己不會死在集中營裡，一定會活著走出去的。

當他從集中營中被釋放出來的時候，精神狀態十分好，他的朋友簡直難以置信一個人可以在煉獄裡保持這樣健康的心態。

你覺得自己算不算負面情緒太多的人？

是否對什麼都不滿意，整天對周遭批評東、批評西，一下子嫌這個不好，一下子嫌那個糟糕，不喜歡自己也不喜歡他人，生活過得非常不快樂？

維克多所在的地方可以說是人間煉獄，但他卻能說服自己，讓自己即使在最可怕的環境中，仍能保持健康正常的心態，這是非常難得的。

我們置身的環境當然不是納粹集中營，但為什麼還有這麼多人將自己關在情緒的集中營裡面呢？

如果能換個心態，調適自己，多點幽默感、多看光明面，把最糟的事當做是磨練、考驗，以欣賞代替嫉妒，以鼓勵取代責罰，世界將會有所不同。

親愛的朋友，生活在複雜的人際社會，何不試試維克多的這個好辦法？只要你想快樂，誰能剝奪你快樂的權利呢？

身體衰退不影響培養興趣的機會

年歲會造成身體上的衰退，但是並不影響培養樂趣的機會。只要能專注於感興趣的事，年齡往往可以忽略不計的。

很多年輕人非常不喜歡和老人家相處，而且對於自己有一天也會衰老這件事感到十分惶恐。

他們眼中的老人，就是思想迂腐，跟不上時代，不懂得生活情趣的無聊族群，他們害怕自己有一天也會變成這樣的人。

年紀增長，代表經驗和體驗也增加了，通常更應懂得享受人生。可是，很多上了年紀的人，即使沒有生活上的困擾，也不知道自己可以做些什麼。

哈里．萊伯曼是個很喜歡下棋的老人，每天都會到老人俱樂部和棋友下好幾個小時的棋，然後再散步回家，日子過得閒適且安逸。

有一次，哈里．萊伯曼的棋友突然生病了，沒辦法和他下棋。俱樂部的管理員安排了其他老人做他的棋友，可是他覺得不太適應，所以就停止下棋了。

當他心情沮喪，準備回家時，俱樂部管理員建議：「你可以嘗試另一種娛樂方式啊！例如，畫畫如何呢？」

聽了管理員的建議，哈里．萊伯曼走進俱樂部的畫室，畫室裡擺著許多畫，還有完整的作畫工具。

俱樂部管理員說：「先生，您可以先在這裡試著畫畫看。」

他聽了哈哈大笑：「要我在這裡作畫？可是，我從來沒有摸過畫筆！」

俱樂部管理員鼓勵他說：「那又有什麼關係？您可以試著畫一幅，說不定會很感興趣呢！」

於是，哈里．萊伯曼走到畫架前，平生第一次擺弄起畫筆和顏料。他在畫室裡整整待了一個下午，覺得這一切真是有趣極了，開始對畫畫產生興趣。

那一年，他八十歲。

哈里．萊伯曼決定到學校學畫畫。大家聽了，都以為他在開玩笑，一個八十歲高齡、頭昏眼花的人，能學好畫嗎？況且，他還剩多少時間來畫畫呢？

哈里．萊伯曼不在意別人的眼光，進入學校，把自己的時間全部傾注在繪畫上，畫得不但好，而且很特別。

一九七七年，洛杉磯一家頗有名望的藝術陳列室舉辦了以「哈里．萊伯曼一〇一歲」為主題的畫展，他的作品富有活力和想像力，運筆、意境俱佳，得到評論界高度的評價，被許多收藏家高價收藏。

哈里．萊伯曼創造世界畫壇的兩個奇蹟，一是高齡學畫，二是畫有所成。

許多人看到別人曼妙起舞、專著作畫、愉快彈琴時，總會感嘆到：「唉，我老了，再也沒有體力來做這些事。」

或許年歲會造成身體上的衰退，但是並不影響培養樂趣的機會，仍可選擇適合自己從事的興趣。

別太快放棄生活的樂趣，只因認爲「那些是年輕人的活動」。不妨聽從內心的渴望，趁還有體力時好好享受它。就連美國前總統老布希，也不肯放棄平日樂趣，在八十大壽那年跳傘慶生呢！

孩子討厭變老，其實是大人的責任。因爲大人所表現出的「老態」，讓孩子對「年老」一事厭惡。如果年紀大的人也可以好好規劃生活，培養興趣，就能成爲別人眼中的「帥」爺爺、「酷」奶奶。

只要能專注於一件感興趣的事，年齡往往可以忽略不計的。

情感的發揚，能獲得無限力量

愛是可貴的。只要存在，哪怕只有一點點，也可以發出無限力量。讓我們珍惜心中的愛，成為自己和他人的上帝。

友人受洗爲基督教徒後改變許多，以往悲觀、偏激的個性漸漸改善。她常說，上帝總在她感到疑惑時給她答案，有時來自電視節目的某個觀點，有時是書裡出現的一句話，有時也會藉由旁人無心的回答得到一些啓發。

是的，每個人心中都有屬於自己的守護神，在需要的時候，適時給予幫助。它可能來自任何地方，也可能化成不同形體，只要我們願意打開心胸，接納它的建議和忠告。

在美國的大街上，一個小男孩捏著一美元硬幣，在一家家商店不停詢問著：「請問您這兒有賣上帝嗎？」

有些老闆聽了直接搖頭，有的則認為他故意搗蛋，不耐煩地將他攆出店門。眼看天就快黑了，小男孩已經跑了二十八家商店，還是找不到他要的，但是他仍然沒有放棄。

就在他走進第二十九家商店時，老闆熱情地接待男孩。那是個六十多歲的老頭，滿頭銀髮，慈眉善目。

他笑瞇瞇地問男孩：「告訴我，孩子，你買上帝要做什麼？」

男孩流著淚告訴老頭，他叫邦迪，父母很早就去世了，他是被叔叔帕特魯普扶養大的。叔叔非常愛護他，不但每天陪他讀書，還教他許多做人的道理。但是，不久之前，從事建築工作的叔叔從高架上摔了下來，至今昏迷不醒。醫生說，只有上帝才能救他。

邦迪心想，上帝一定是種非常奇妙的東西，因此他要把上帝買回來，讓叔叔吃了，傷就會好。

老頭聽著聽著，眼眶濕潤了，問邦迪：「你有多少錢？」

邦迪老實回答：「只有一美元。」

「孩子，現在上帝的價格正好是一美元。」老頭接過硬幣，從貨架上拿下一瓶「上帝之吻」牌飲料，對男孩說：「拿去吧，孩子。你叔叔喝了這瓶『上帝』，就沒事了。」

邦迪想也沒有想，便把一美元遞給了店主，然後欣喜地抱著飲料，迫不及待衝回到醫院。

一進病房，他就開心地朝病床大叫：「叔叔，我把上帝買回來了，你很快就會好起來了！」

不久，帕特魯普真的康復了。出院之時，他看到醫療費帳單上那個天文數字，差點嚇昏過去。

可是，院方卻告訴他，有個老先生幫他把錢付清了，而且是他請了世界上頂尖醫學專家所組成的醫療小組，來到了醫院幫他治療，採用最先進的技術，才治好帕特魯普的傷！

原來那老頭是個億萬富翁，退休後在市區隱居，開了家雜貨店打發時間。帕特魯普激動不已，立即和邦迪前去道謝。

可是，老頭已經把雜貨店賣掉，出國旅遊了。他和邦迪只好心懷著感激，繼續過著平淡、幸福的生活。

突然有一天，帕特魯普接到了一封信，是那老頭寫來的，信中說：「年輕人，您能有邦迪這個侄兒，實在是大幸運了。為了救您，他拿著一美元到處購買上帝！感謝上帝，是他挽救您的生命。但您一定要永遠記住，在這個世界上，真正的上帝是人們的愛心。希望您以後還能繼續教育他做人的道理。」

蘇聯作家索忍尼辛曾說：「生命最長的人，並不是活得最久的人。」

生命的用途並不在長短，而在於我們怎麼利用它，許多人活的日子並不多，卻活了很長久，因爲，這些人懂得如何做自己的生活大師，懂得讓自己如何在最短暫的歲月當中，活出最美麗璀燦的人生。

上帝常常透過不同方式教導人們，可惜我們往往聽而不聞，視而不見。那是因爲，在忙碌的生活裡，人們不知不覺遺失心中的愛，對萬物失去熱忱，讓過多的自我佔據心中所有的空間。

然而，愛是可貴的。只要存在，哪怕只有一點點，也可以發出無限力量。讓我們珍惜心中的愛，成爲自己和他人的上帝。

需要時的滿足，就是一種幸福

當幸福變得理所當然時，幸福就再也不幸福了。人在「需要」的時候，感受力也特別強烈，得到滿足後，才能產生幸福感。

若有人突然問你：「你覺得什麼是幸福？」有辦法在短時間內說出屬於自己的一百個幸福理由嗎？

許多人常常喊著：「我要幸福！我要幸福！」可是問他們要什麼幸福時，卻又答不出個所以然。

每個人都在追求幸福，想盡辦法努力把「它」弄到手，可是在追求的過程中，反而爲自己帶來許多煩擾。

因此就該清心寡慾，無所求嗎？除了聖人，大概極少人可以完全辦到。到底要怎樣才能得到眞正的幸福呢？

從前有個心地善良的人，一生以幫助別人為最大的快樂。在他死後，上帝就派天使接他進天堂享福，可是他卻告訴上帝：「我不想進天堂，如果可以，我希望能繼續為人類服務。」

於是，上帝讓他當了天使，進入凡間幫助那些困苦的人，希望每個人都能感受到幸福的味道。

有一次，天使遇見一個農夫，農夫愁眉苦臉對天使訴說：「我家的水牛最近死了，沒牠幫忙犁田，我根本沒辦法下田耕作。眼看播種的日子就快到了，我該怎麼辦才好？」

於是，天使賜給他一頭健壯的水牛，農夫高興得手舞足蹈。天使在他身上感受到幸福的味道。

又一日，天使碰到一個男人非常沮喪地坐在樹下，原來他的錢在路上被騙光了，沒盤纏回家鄉。

於是，天使給他銀兩做旅費，男人很高興地揮手上路，天使在他身上感受到幸福的味道。

就這樣，天使幫助許多人得到幸福。就在天使準備離開小鎮，往另一個村莊前進時，碰見一個詩人。這個詩人年輕、英俊、有才華且富有，妻子貌美而溫柔，可是他卻一點也不快樂。

天使好奇地問他：「你是許多人羨慕的對象，為什麼還活得不快樂呢？」

詩人對天使說：「我的確什麼都有，可是少了一樣東西，你能給我嗎？」

天使回答說：「可以，你要什麼我都可以給你。」

詩人直直地望著天使，認真說：「我要的是幸福。」

這個請求一下子把天使難倒了，看著這個什麼都有的男人，天使想了想，然後把詩人所擁有的全都拿走。

天使拿走詩人的才華，毀去他的容貌，奪去他的財產和妻子的性命，做完這些事後，便離開了。

一個月後，天使再度回到詩人的身邊，那時詩人餓得半死，衣衫襤褸地躺在地上掙扎。天使便把他的一切還給他，然後又離去了。

半個月後，天使再去探望詩人。

這一次，詩人摟著妻子，帶著滿滿的笑容不停地向天使道謝。因為，他得到幸福了。

作家賀伯曾經說過一句話，值得我們深思：「雖然你無法改變自己的處境，但是你卻可以改變自己的心境。」

幸福與不幸，其實都是心靈的活動與感受；很多時候，並不是環境虧待我們，而是我們對幸福的感受度變得薄弱。

還記得家裡裝了第一台冷氣的那晚，全家人擠在一個小小的房間裡，聽著「轟隆轟隆」的馬達聲入睡。

那時，幼小的心靈覺得好滿足、好幸福。

反觀現在，冷氣成爲一個家庭的基本配備，只要走進商家、辦公室，迎面而來的都是舒服的冷風。冷氣所帶來的感受，已經沒有當年強烈了。

當幸福變得理所當然時，幸福就再也不幸福了。

人在迫切「需要」的時候，感受力也特別強烈，必須得到滿足之後，才能產生濃濃的幸福感。

就像詩人從「有」到「無」，再從「需要」而「得到」的過程中，學習到什麼叫做幸福。

或許在追求幸福之前，必須了解到幸福的本質就是，當我們需要的時候得到滿足，就是一種幸福。

改變心靈，就能改變人生

「心靈」運轉能讓我們在體會生活的同時，去思考生命的意義，更進一步影響自己的為人處世，改變自己的人生。

蘇格拉底相信：「缺乏好奇，一個人的推論判斷能力就無法培養。」有多久沒有眞正的靜下心去感覺、思考、體驗生活了？離開校園後，人們爲了生存，做著日復一日單調的工作，對生命的熱情就這樣一點一滴的磨掉，變成所謂長大後的穩重與成熟。

爲了生活而生活，上蒼給我們的寶貴生命眞的如此簡單嗎？

很多的夢想被實現，也有很多夢想被遺忘在角落。遺忘並不代表不存在，而是少了一種激素去喚起沉睡的心。

午後的一間教室裡，雷諾老師正在為大家上英文課。他發給全班同學一人一張紙條，紙上列出了同學們的各種想法，接著他要全班同學在裡面選出一句自己認同的話，把它當成依據，寫出一篇作文來。

十歲的安潔拉選擇了：「我不明白為什麼事物會是現在這個樣子。」

安潔拉是一個隨時帶著問號的小女孩，老是一個人思考著事物的本質，但是沒有人告訴她答案，因此常處於迷惑中。

交完作文後，安潔拉心中有點不安。她的文章裡，並沒有把「為什麼會這樣」的答案找出來，因為她自己也不知道。

第二天，當全部的人都拿到老師發回的作文時，只有安潔拉沒有收到，她緊張得坐立不安，搓著雙手。

雷諾老師笑瞇瞇地看著大家，對全班說：「我這兒有一篇作文寫得很特別，我們請文章的主人上台來為我們朗誦。」

安潔拉用不可思議的眼光望著老師，老師朝她點點頭，安潔拉不好意思地走上台，大聲唸出了她的作文。

「為什麼事物都是現在這個樣子呢？」

「媽咪，為什麼太陽不發出藍光？」

「媽咪，為什麼玫瑰是紅色的？為什麼風吹來時小草會擺動呢？」

「爹地，為什麼飛機會越飛越小？坐在裡面的人也會跟著變小嗎？」

「爹地，為什麼我一定要在十點以前上床睡覺呢？」

「老師，為什麼我必須到學校讀書上課呢？」

「媽咪，為什麼我不能穿上妳的高跟鞋去參加舞會呢？」

爲什麼只有孩子才能提出一連串看似幼稚又發人深省的問題呢？爲什麼天空是藍色，卻發出金黃色的光芒？我們曾經花時間來思考這樣的問題嗎？還是一直被所謂的人生大事困擾著呢？

當我們停止了對學習和生活的熱情，我們的心靈就會因爲長久不用而「變老」，即使身體還年輕。

如果你說：「只要生活過得去，沒有了這些有那麼重要嗎？」

追求更上一層的生活是每個人都認同的，想要在生活中脫穎而出，必定要有過人之處。「心靈」運轉能帶來這一切，讓我們在體會生活的同時，思考生命的意義，更進一步影響自己的爲人處世，改變自己的人生。

讓我們回歸孩童的心，用十歲的眼睛來看世界，會發現還有很多的驚奇值得我們去探索。

PART 7

拒絕自憐，才能大步向前

人們習慣於憐憫自己，愈是呵護自己，愈是自憐。只要我們在苦難面前永不放棄，一定可以贏得成功和幸福。

換個想法，就能找到方法

只要充滿智慧，人生到處都是成功的機會。要在自己的領域中一直不斷地創新，如此才能創造出更多機會，豐富自己的生活。

對於遭遇失敗挫折而灰心喪志的人，激勵大師卡耐基曾經勉勵說：「如果在自己非常想要做的事情未能成功，不要立刻接受失敗，試試別的方法，因為你的弓不會只有一根弦，只要你願意找到另外的弦。」

確實如此，限制我們成就的因素，往往不是缺少機會，而是我們不願意改變根深柢固的想法，因此找不到解決問題的方法。

其實，每個人都有獨特的思考模式，每個人也有著無可取代的價值，不管再怎麼不景氣，只要肯動動大腦，發揮自己的創意，追求生活裡的無限可能，那麼就能把不可能變成可能。

據說，音樂神童莫札特在音樂大師海頓門下學藝的時候，曾經和老師打賭一件事。莫札特說，他能寫出一段，連音樂大師海頓也無法彈奏的曲子。

在音樂殿堂努力大半輩子，已經成為眾人景仰的宗師的海頓，聽到這麼誇大的話，只是一笑置之，一點也不相信莫札特所說的話。

不一會兒的工夫，莫札特便將一段曲子譜好，交給老師彈奏。

海頓看著琴譜，胸有成竹地彈奏起來。

但是，彈不到幾秒鐘，他便驚呼道：「這……這是什麼？我兩隻手都已經分配好音符要彈奏了，而且還是分開在鋼琴的兩端，怎麼眼前還多了這個音符？這到底怎麼彈奏啊？」

海頓試彈了很久，仍然無法想出法子，無奈地說：「除非是三隻手，否則，沒有人可以彈奏這首曲子了。」

海頓對自己充滿了信心，認為連自己都無法彈奏的曲子，別人當然更加無能為力。但是，莫札特這時卻開心地表示他做得到，隨即接過樂譜，面帶微笑地坐上琴椅，輕快地彈奏起來。

海頓狐疑地站在一旁，仔細觀看這個神童，到底如何完成那個需要「第三隻手」才能彈出的音符。

當莫札特彈到那個特別的音符時，只見他不慌不忙地向前彎下了身子，用鼻子點了一下。

海頓一看方法竟然這麼簡單，不禁哈哈大笑，對這個高徒讚嘆不已。

這是莫札特一則很有趣的軼聞，雖然從來沒人看過他在公開場合用鼻子彈琴，但這則軼聞提醒我們，只要擁有獨特的創意與靈活的思維，生活之中就沒有無法克服的難題。

就像故事中的音樂大師海頓，如果他能換個想法，走出慣性思考的束縛，曉得「用鼻子彈鋼琴又有什麼不行」的道理，那麼他就會發現：「世界上沒有不能彈奏的曲子。」

我們可以用這個例子，作爲勉勵自己的座右銘。

思想家盧梭曾經寫道：「如果有本領的人，沒有具備化危機為轉機的智慧，他也會像沒有本領的人一樣窮困而死。」

走在人生的道路上，不時會出現阻礙自己前進的「石頭」，你必須改變「此路不通」的念頭，設法繞過或踏過那顆「石頭」。

生活中許多看似無法解決的難題，並非眞的無解，而是我們被慣性的思考模式束縛，沒找到正確的方法。

只要充滿智慧，人生到處都是成功的機會。要在自己的領域中一直不斷地創新，如此才能創造出更多機會，豐富自己的生活。

拒絕自憐，才能大步向前

人們習慣於憐憫自己，愈是呵護自己，愈是自憐。只要我們在苦難面前永不放棄，一定可以贏得成功和幸福。

激勵大師戴爾．卡耐基曾說：「當命運交給我們一個檸檬的時候，試著去做一杯檸檬水。」

心態決定一個人的未來，生命中的逆境處處可見，我們唯一能做的，就是改變自己的應對態度。

一個人能不能成功、是否感到幸福，往往來自對各種不同環境的適應能力，只要願意試著改變自己的心態，那麼無論遭遇什麼困境，都能通往成功、幸福的未來。

有個女孩只要代表班上參加書法比賽，都能抱回大獎來。

或許寫得一手好字對其他人來說不算什麼，但是，對她而言卻是很難得的事。她的一雙手臂在意外中嚴重燙傷而肌肉萎縮，胸口也留下大大的傷疤。只要穿短袖運動褲時，甚至可以看到她大腿上那一大片疤痕，那是爲了修補手臂和胸口的皮膚而割下的傷痕。

「妳還會痛嗎？」

「不，已經不痛了。」她笑著，絲毫不覺得自己與他人不同。

那些凹凸不平的「醜陋」疤痕，是經歷「傷痛」重新長出的另一層「新皮」。或許「新皮」沒那麼漂亮、平整，卻是經歷考驗而重生的希望；或許沒有那麼靈活，可是它不放棄用全新的面貌挑戰所有可以讓自己成長的機會。

在他八歲那年，因為一場意外爆炸事故，致使雙腿嚴重受傷，連一塊完整的肌膚也沒有，醫生甚至斷言他此生再也無法行走。然而，他並沒有因此哭泣、喪志，反而大聲宣誓：「我一定要站起來！」

他在床上躺了兩個月之後，便嘗試著下床。

他總是趁父母不注意時，拄著父親為他做的兩根小拐杖，在房間裡練習站立。每一個小小的移動，總是讓他痛到幾乎暈厥，也讓他幾乎被擊倒。

他每一次的練習總會跌得遍體鱗傷，父母心疼得希望他不要再嘗試，但他卻不放棄，堅信自己一定可以重新站起來，重新走路、奔跑。

幾個月後，他的兩條傷腿總算可以慢慢伸展了。他在心底默默為自己歡呼：「我站起來了！我站起來了！」

他突然想起距離家兩英里的一個湖泊，那裡的藍天碧水是多麼動人，在那兒令人喜歡的小夥伴正在等著他。

他暗自決定，要靠自己的力量走到湖泊，於是，他更加頑強地鍛鍊自己。

兩年後，他因為自己的堅韌和毅力，終於走到湖邊。從此，他又開始練習跑步，把農場上的牛馬當作追逐的對象，數年如一日，無論寒暑都不放棄。

後來，他的雙腿就這樣「奇蹟」般地強壯起來。經過不斷的挑戰和訓練，他成了美國歷史上有名的長跑運動員。

他就是美國體育運動史上偉大的長跑選手——格連．康寧罕。

「爲什麼是我？我怎麼那麼倒楣？」

當人們碰到挫折、傷痛時，總會這樣問上天。可是，我們對生活滿意，感到幸福的時候，卻從不懷疑爲什麼一切那麼美好。

因爲人們習慣於憐憫自己，愈是呵護自己，愈是自憐。碰到不幸時，只會讓自己沉溺於自憐自艾中。

或許環境與人生際遇讓你感到失望，或許你一出生就背負著沉重的包袱，親人離去、失去健康……就連發票中個兩百塊也沒你的份。這些打擊和委屈包含著不同的人生課題，一切都是爲了教導你面對挫折，堅強信心和勇氣。

格連．康寧罕和燙傷的同學，他們因爲「挫折」，更努力面對生命，而有一番成就。上天給予的「考驗」，都有某些意義存在，只要我們有所體悟，在苦難面前永不放棄，一定可以贏得成功和幸福。

想太多就不能輕鬆生活

將時間花在沒有必要的顧慮上，擔心即將發生的事情，只能多做一點準備；擔心根本還沒發生的事情，只是在自尋煩惱。

古羅馬思想家塞涅卡曾經這麼寫道：「生命就像一齣戲，重要的不是它的長度，而是它的深度。」

有些事即使想得再多、再遠，也於事無補，事情不僅無法立即有效解決，也只是徒增自己無盡的煩惱！

有一位婦人因為血脂肪過高去醫院檢查，醫生診斷後，認為只要按時服藥、注意飲食習慣就沒問題了。聽到醫生「簡單」的交代，婦人還是不放心，問醫生自己偶爾會有頭暈的情況發生，會不會是中風的前兆？

醫生再次檢驗後，確認婦人病情在控制範圍內，不需要擔心，可是婦人還是認為自己可能隨時會中風，狀況很危險。

幾番要求下，醫生應婦人要求，開了預防「中風」的藥，婦人才肯離開醫院。

婦人到附近藥局領藥時，藥劑師突然問她：「妳是不是有憂鬱症？」

婦人不明白藥劑師為什麼會這麼問，直到和藥劑師詳談看病過程後，兩人當場忍不住哈哈大笑。

原來，醫生認為婦人有憂鬱症的傾向，才會整天擔心自己快中風，所以開給她抗憂鬱的興奮劑。

這位「想太多」的婦人自從這一事件後，再也不杞人憂天，反而能更自在的面對生活。

有一個製造成衣的商人，在經濟不景氣波及下生意大受影響。他整天愁眉苦臉、心情鬱悶，每天晚上都無法好好睡覺。妻子見他蒼白臉色，感到十分不捨，深怕再這樣下去就要生病，建議他去找心理醫生，尋求解決之道。

醫生見他雙眼布滿血絲，問道：「怎麼了，是不是受失眠所苦？」

成衣商人說：「可不是嗎？」

心理醫生聽完他的狀況，就開導他說：「這並不是很嚴重的問題，還不用吃藥控制。你回去後，如果睡不著就數數綿羊吧！」成衣商人道謝後離開。

過了一個星期，他又回診了，心理醫生見他雙眼又紅又腫，精神更加不振了，就為他做了仔細的身體檢查。之後，醫生非常吃驚地說：「你真的有照我的話去做嗎？你的身體狀況更糟了，肝功能指數上升了不少。」

成衣商人委屈地說：「我當然有照你說的去做，還數到三萬多頭羊呢！」

心理醫生又問：「數了這麼多，難道連一點睡意也沒有嗎？」

成衣商人回答：「本來快要睡著了，但是又想三萬多頭綿羊有多少毛呀，不剪豈不可惜！」

心理醫生說：「那剪完不就可以睡了？」

成衣商人嘆了口氣說：「但頭疼的問題來了，這三萬頭羊毛所製成的毛衣，現在要去哪兒找買主呀？一想到這兒，我就睡不著了。」

改變心態，人才有更美好的未來！

放下內心那些無謂的煩惱，人才會活得快樂幸福。

生命的長短用時間來計算，生命的價值則是用貢獻來計算，雖然我們無法決定生命的長短，但卻可以決定自己生命的內容是否精采豐富。

最浪費生命的舉動，就是將時間花在沒有必要的顧慮上。

擔心即將發生的事情，或許能多做一點準備；擔心根本還沒發生的事情，只是在自尋煩惱。

如果你總是在其中鑽牛角尖，可能需要停下來好好檢視自己，看看自己是否正在「虐待」自己，否則怎會以處於恐懼、困擾中爲樂？

人的行動受信念的掌控

我們的生命隨時隨地受到信念的影響。決定了我們用什麼樣的身心狀態來面對世界，信念的力量有近似奇蹟般的影響。

研究人類學的專家說：「信仰使人擁有力量，信仰也使人失去力量。」信仰的力量其實就是一種「信念」的力量，每一個想法、感覺、念頭，都會影響到全身的細胞，影響到身心狀況。

它的影響是無可限量的。

澳洲曾有個野蠻民族，族人不分男女老幼，個個孔武有力，赤手空拳也能和獅子、老虎搏鬥。殘暴的性情加上天賦的力量，令其他弱小的族群長期生活在他們的欺凌之下。

但是，這支民族後來卻是澳洲所有少數民族中最先滅亡的一支。有人調查這個民族滅亡的原因，才發現他們有一個奇怪的信仰：禁止洗澡。

他們認為身體的污垢是神賜的禮物，若是加以洗淨，力量就會消失，像隻軟弱的兔子任敵人宰割。

後來，幾支弱小族群聯合起來，在一個風雨交加的夜晚，將暴漲的河水導進他們所居住的洞穴。

突如其來的河水沖刷，讓他們發出驚惶的哀號，一瞬間，彷彿失去了所有的力量，一個個癱倒在地。全族就在毫無反抗的情況下，輕易地被滅族了。

有個女人的第一個丈夫在婚後不久就去世了，第二個丈夫又拋棄了她，和一個已婚婦人私奔，後來死在一個貧民收容所裡。

她只有一個兒子，卻因為自己貧病交加，不得不在兒子四歲那年送給別人撫養。從孩子離開那天起，有關孩子的訊息就被對方刻意中斷，她整整三十一年沒有見過兒子，只能在眼淚中度過思念的日子。

在一個很寒冷的冬日，她在馬薩諸塞州林思市的街頭走著。那天，正是她生命中戲劇化的轉折點。

冒著大雪，她用盡力氣維持身體的平衡，在濕滑路面前進。突然一個不小心，她滑倒了，摔倒在結冰的路面上，昏了過去。被人送到醫院時，她出現痙攣現象，她的脊椎受到了傷害。

醫生診斷之後，認為她活不了多久了，即使出現奇蹟讓她得以活命，也絕對無法再行走了。

她靜靜地躺在角落的一張床上，再也沒有人去問候她，每個人似乎在等待死神將她帶走。

她空洞的眼神望著四周，突然發現一本《聖經》放在床邊的桌子上。她拿起《聖經》，隨意翻開其中一頁，正巧看見馬太福音裡的一段話：「有人用擔架抬著一個癱子到耶穌跟前來，耶穌就對癱子說：『孩子，放心吧，你的罪赦免了。

起來，拿著你的褥子回家去吧。』那人聽完馬上就站了起來，像個正常人般走回家去了。」

耶穌的這幾句話大大震撼了她，頓時，她覺得全身舒暢，感受到一種能夠醫治她的力量出現了，於是她立刻下了床，開始行走。

「這種經驗，」她說：「就像引發牛頓靈感的那枚蘋果一樣，使我發現自己是如何好起來的，以及怎樣才能讓別人也做到這一點。我可以很有信心地說，一切的原因都來自於你的思想，而一切的影響力都是心理現象。」

她就是基督教信心療法的創始人艾迪太太。

我們的生命隨時隨地受到「信念」的影響。

信念決定了我們用什麼樣的身心狀態來面對世界，也決定了世界用什麼樣的面貌呈現在我們面前。

「信念」的力量有近似「奇蹟」般的影響，讓人更不能不注意信念的發展和方向是積極樂觀，還是消極悲觀。

作家巴路克雷曾經寫道：「如果你把壓力看成是一把榔頭，那麼每個問題，看起來都會像一根釘子。」

其實，我們的能力與所受的壓力成正比，如果不意識到自己面對的問題如何急迫和險阻，就不會鞭策自己在最短的時間之內去完成。

因爲，一切的行動的緣由都是源自於思想，所造成的一切影響都是一種心理現象。只要抱持著積極樂觀的信念，便可見「奇蹟」發生。

將心靈開啟，創造自己的天地

真正讓視野開拓的不能只靠外在給予，只要心靈的空間願意開啟，就算委身於小天地裡，也能讓人生開創出大空間。

很多人爲了生活，不得不將寶貴的青春關在小空間裡，爲了三餐溫飽而辛苦打拼，感嘆活動空間的狹小，羨慕在藍天飛翔的小鳥，卻無力改變現狀。

然而，相同的情況發生在不同人身上，卻會有不同的結果。同樣是朝九晚五的上班族，有的在不知不覺過了一生，有的卻是活得精采。

中間差別只在於「心」的大小。

明朝萬曆年間，中國北方的女真族時常作亂，皇帝為了要抗禦強敵，決心整修萬里長城。

當時號稱天下第一關的山海關，年久失修，殘破不堪，尤其是「天下第一關」題字中的「一」字，已經脫落多時。萬曆皇帝募集各地書法名家，希望能回復山海關本來的面貌。

各地名士聞訊，紛紛前來揮毫，卻沒有一人的字能夠呈現出天下第一關的豪邁原味。皇帝只好再次昭告，只要中選的人，就能夠獲得最大的重賞。

經過嚴格的篩選，最後中選的，竟然是山海關旁一家客棧的店小二寫出的字，大家都直呼不可思議。

題字當天，會場擠得水洩不通，官家也備妥了筆墨紙硯，就等候店小二前來揮毫。

只見主角抬頭看著山海關的牌樓，捨棄了狼毫大筆不用，拿起一塊抹布往硯台裡一沾，大喝一聲：「一！」毫不遲疑往牆上抹去，動作十分乾淨利落，一個絕妙的「一」字立刻出現，旁觀者莫不給予驚嘆的掌聲。

有人好奇地問他寫出的字能夠如此成功的秘訣。

他想了想，久久無法回答，後來才勉強答道：「其實，我也不知道有什麼秘訣。我只是在這裡當了三十多年的店小二，每當我在擦桌子時，就望著牌樓上的『一』字，一揮一擦，就這樣而已。」

原來這位店小二的工作地點，正好面對山海關的城門。每當他彎下腰，拿起抹布清理桌上的油污之際，剛好視角正對準「天下第一關」的「一」字。他不由自主地天天看、天天擦，數十年如一日，久而久之，就熟能生巧、巧而精通了。

這就是他能夠把「一」字，臨摹到爐火純青、維妙維肖的原因。

或許熟能生巧是幫助店小二揮毫成功的原因之一，但是展現出氣魄的根本是他那偉大的心靈空間。

店小二的工作就是每天擦擦抹抹、服務客人，對很多人來說，那是一個乏味且無趣的工作。在其中忙碌的店小二，並不以此爲苦，以豁達的態度來面對工作，雖然只是做些打雜的工作，可是「天下第一關」的氣魄，卻在不知不覺中充實他的心靈空間。

對於「空間」的嚮往，不一定要向外尋求，有時候，「心靈的空間」也會讓一個人擁有撼動山河的氣勢。

眞正讓視野開拓的不能只靠外在給予，更必須向內尋求。只要心靈的空間願意開啓，就算委身於小天地裡，也能讓人生開創出大空間。

面對批評，不必忿忿不平

聽見批評時，不是停下來觀望，而是繼續前進，並不斷地修正與補強，如此才能從「你是錯的」進步到「你是最好的」。

人的一生當中，難免會遇到各式各樣不友善的批評與嘲笑，想要成功，就必須學會勇敢面對這些惡意的奚落。

生命不可能沒有創傷，人生不可能盡是坦途，應該試著把這些當成重要的轉折。才能開創出嶄新的生命版圖，不至於和自己的人生目標背道而馳。

遇到不如意的事情，與其成天生氣、抱怨，不如試著改變自己的心態和應對方式。因爲，一味生氣、抱怨並無法扭轉既成的事實，唯有拋開心裡的負面情緒，試著調整自己的心態，才有可能扭轉局面。

在一場名流雲集的宴會上，有個男子忽然從袋子裡拿出了一個小套子，接著對大家說：「親愛的朋友，我們都需要這樣的套子。」

他這個奇怪的舉動，很自然地吸引了在場所有人的目光，但是，他們沒有想到那竟是一個「保險套」。

他這個舉動讓現場的氣氛登時凝重了起來，許多人搖著頭說：「他該不會是來搞破壞的吧？」

忽然，美妙的音樂響起，瞬間沖掉了尷尬的氣氛，畢竟對這些保守派的貴族們來說，這個奇怪男子的出現，簡直就是一場噩夢。

正當他們準備在大廳裡翩翩起舞時，男子竟開始忙碌起來，他穿梭在人群之中，並悄悄地將保險套當作自己的名片，認真地發給現場的每一位男士，至於遞給女士們的，卻是五顏六色的避孕藥。

從這天晚上開始，男子遭受到來自各方的指責，面對這些前所未有的壓力，男子似乎有點承受不了了。

在這些斥責聲中，他忽然對於自己的事業產生了懷疑。

但是，就在這個時候，泰國國王卻對他說：「我覺得你這樣做沒有什麼不妥，那是你的事業，一旦你放棄了，你仍然將聽到責罵聲。但是，只要你努力下去，你就會聽到另一種聲音，只要你改變了他們的價值觀。」

聽見泰王的支持，男子從此更加積極地推廣安全性行為的計劃，他不僅在貴族的宴會上宣傳，連在公眾場合中也大方推廣著，甚至還請商人在各式女用衣物中，印上「一天一個保險套，就不用找醫生」的標語。

但他的每一項推廣行動，仍然讓許多人困擾不已，因為許多人還是沒能了解他的宣傳目的與用意。

但在男子的心中有這麼一個信念：「沒關係，只要能讓人們從計劃生育和性的薄紗中解脫出來，相信不久的將來，大家便會懂得這個小玩意，其實是個有趣而又文明的東西。」

經過十多年的努力，男子的付出終於得到了回報，因為出生率一直居高不下的泰國，在他的戮力推廣下，終於不再承受出生人口過高的壓力了，幾年下來，全國的人口成長率從百分之三降到了百分之一。更重要的是，因為保險套的廣泛使用後，愛滋病的傳染情況也有了減緩趨勢。

如今，這個男子的名字可說是泰國避孕用品的代名詞，泰國人甚至還視他為民族英雄，他的名字就叫麥克爾．威達。

後來，美國總統雷根宣誓就職時，麥克爾．威達為了表示賀忱，特別寄送一封祝賀信給他，隨信還附了一盒保險套和一張免費進行避孕手術的小卡。

而幽默風趣的雷根，一看見這樣的小禮物，不禁面露微笑，並請助理回信，信中他寫著：「嗯！你的事業可以與上帝的事業媲美。」

「開始之時，總是最辛苦的！」看見麥克爾．威達終於成功的情況，這句話再次獲得了證實。

但是，當我們再看見麥克爾．威達，不畏艱難繼續前進的努力時，相信許多人也得到了不少激勵吧！

很少有人能只有一步就踏上成功的目標，過程中必定有許多挫折。所以，當麥克爾．威達累積了那麼多的辛苦腳步後，我們也看見他長久發展的事業，更看見他從中印證的人生價值。

有阻礙，我們就越要有挑戰的勇氣，就像泰王對麥克爾．威達說的：「即使你退縮了，人們的批評聲浪並不會因此而消滅，反而會因為你的退縮，讓人們有更多的理由，批評：『你是錯的！』。」

所以，聽見批評時不必忿忿不平，我們下一步眞正要做的，不是停下來觀望或轉換跑道，而是繼續前進，並不斷地修正與補強，如此我們才能從「你是錯的」進一步到「你是最好的」。

不計較，幸福才會牢靠

我們總希望對方能為自己「多付出一點」，而不是自己能付出多少，真愛了，就別太計較付出多少。

每次在風景區看到人們拍婚紗，總是忍不住停下腳步多看幾眼。看著頂著大太陽、穿著不便卻滿臉洋溢著幸福笑容的美麗新娘時，總讓人有點羨慕又感慨。此時，卻總是剛好會有個不識相的人大煞風景地說：「你猜，他們什麼時候會離婚？」

不是人們有意「唱衰」婚姻，而是現代人的離婚率高居不下，讓人不免如此臆測。或許是現代的環境和人們的自主性，讓婚姻更突顯出現實的殘酷面。

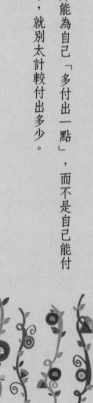

有一對新婚夫妻決定離婚。

他們之間並沒有什麼相處上的大問題，只因為彼此都沒耐性，經常為了一點雞毛蒜皮的小事吵架。

例如，女人認為兩個人都有工作，為何男人下班之後不會幫忙做家事，即使幫忙了，也是隨隨便便應付，反而把家裡弄得天翻地覆，更加髒亂。

所以，女人認為男人沒有照顧自己的能力，更不用說照顧她了。什麼愛不愛的，都只是虛浮不實的言語。

一連幾天他們都沒有和對方說過一句話，男人賭氣搬進公司宿舍，只剩女人一個人守著空蕩蕩的家。

晚上，女人打開電腦，忽然收到一封丈夫發來的郵件。裡面的話並不多，只是敘述他剛剛所看到的一幕。

男人公司所在的那條街上有一對中年夫妻，丈夫是個孤兒，從小靠撿破爛為生；妻子是個精神病患，平時一切正常，發起病來就想往外面跑。這天，他看到那個丈夫又在街上拼命拉回自己的妻子。妻子往外用力，丈夫往裡用力，他倆沒有任何爭吵。妻子臉上可見精神病人常有的瘋癲表情，丈夫的臉上卻沒有任何無奈與煩躁，而是神情坦然。

男人在郵件中寫道：「我看到他們在街上來回拉著，兩個人都在用力，路邊的人一如往常般大笑著，可是我卻落淚了。親愛的，他們連一件像樣的衣服都沒有，連一頓最基本的飯都成問題，尚有一個清醒的人懂得守住夫妻之道，不離不棄地走過來。我們生活無憂、神志健全，為什麼反而做不到呢？」

男人最後寫道：「寶貝，我愛妳。」

女人來不及關上電腦，披上外衣，流著淚往外跑。她只想用最快的速度，認真地擁住、找回她最愛的人。

很多時候，爭執往往來自於「想得太多，做得太少」，我們總希望對方能爲自己「多付出一點」，而不是自己能付出多少。

婚姻中需要的不只是浪漫愛情和性愛關係，更需要親情和友誼的輔助，使生活的每一個層面互相調適、彼此合作。只有成熟的愛，才能讓激情過後的婚姻走上平穩之路。

有句話這麼說：「永遠不要在戀情或婚姻中強求什麼，因為愈想抓著不放，愈容易失去。」

既然選擇進入人生的另一個階段，就該相信婚姻的價值是無法用世俗的標準來評斷的。

眞愛了，就別太計較付出多少。拿出實際行動去愛吧，因爲「幸福常是努力的結果」。

給心靈鼓勵，就能改變自己

一個沒有自信的人，也能藉著自我暗示，改善信心不足的部分。不妨多給心靈正面的鼓勵，你也可以開創新的生活。

多年前，曾在電視上看到某學者教導人們用「暗示」的力量治療疾病。人們的潛意識會在自覺或不自覺之中，受到某些訊息的影響。爲了幫助人們將這些影響到正常生活的不良情緒拋棄掉，許多心靈醫師便運用潛意識接收與暗示的原理對疾病進行治療。

由此可以想見，人們的潛意識對身心有多大的影響。

眞正能影響我們意志的東西，並非外在環境，而是來自於我們的心。因此，意志力的強弱，是源自於個人的自我暗示。

英國有位婦女名叫黛安娜，是位不幸的女人，嫁過的兩個丈夫都因病去世。雖然繼承了許多遺產，但一個人過生活，讓她覺得很寂寞。

不久，有個叫查理斯的男人向她求婚，她覺得這人不錯，就嫁給了他，查理斯就這樣搬進她的豪宅裡。

有一天下午，黛安娜幫丈夫收拾房間時，意外地發現丈夫抽屜裡收藏著一大疊剪報。上面報導一個叫馬可的罪犯，專門尋找有錢的女人和她們結婚，然後設法殺死她們，將錢財佔為己有，目前這名兇犯越獄在逃。

黛安娜見報上對罪犯的描述特徵，頓時頭暈目眩。原來，這名罪犯就是她現在的新婚丈夫查理斯！

就在此時，查理斯手拿著鐵鍬進了院子。黛安娜心想，她可能活不過今晚了！一想到這，黛安娜興起一股逃跑的念頭，但又怕丈夫懷疑。於是她趁丈夫到屋後時，打電話給好朋友傑克，請他幫忙報警。

打完電話之後，她裝著若無其事的樣子，煮了杯咖啡，沒放糖，遞給了剛剛上樓的丈夫。

丈夫喝了幾口咖啡後就說：「這咖啡為什麼不放糖？這麼苦！我不喝了，走吧，我們到地窖裡去整理一下。」

黛安娜知道丈夫要殺她了，明白自己無法逃出去，便靈機一動說：「親愛的，你等一下，我要向你懺悔！」

丈夫好奇地問：「你懺悔什麼？」

黛安娜沉痛地說：「我向你隱瞞了兩件事。我勸我的第一任丈夫參加了人壽保險，當時，我在一家醫院當護士。我假裝對丈夫很好，讓左鄰右舍都知道我是個好妻子。每天晚上，我都親自為他煮咖啡。有一天，我悄悄把一種毒藥放進咖啡裡，不一會兒，他就倒在椅子上，再也爬不起來。我對外宣稱他暴病而死，拿到五千英鎊人壽保險金，也繼承他的全部財產。第二次，我又用同樣的方法，得到八千英鎊的人壽保險。現在，你是第三個……」黛安娜說完，指了指桌上的咖啡杯。

查理斯聽到這裡，嚇得臉色慘白，用手拼命地摳自己的喉嚨，一邊歇斯底里地尖叫道：「咖啡！怪不得咖啡那麼苦，原來……」

他邊吼叫，邊向黛安娜撲過去。

黛安娜一邊向後退，一邊鎮定地說：「是的，我在咖啡裡下了毒。現在你的毒性已經發作了，不過，你喝得不多，還不至於馬上死去。」

查理斯受不了這沉重的打擊，一下子就昏倒在地，這時候，她的好友傑克也帶著警察趕到了。

黛安娜給丈夫喝的咖啡並未下毒，但是她的丈夫查理斯聽到她放往咖啡裡加了毒藥以後，一下子就嚇昏了。

黛安娜對付查理斯的方法，在心理學上叫「暗示」。

美國精神科醫師米爾頓．艾瑞克森曾說：「如果你接受某項價值觀或信念，不管正面負面，這項價值觀與信念對你的影響，將如催眠一樣的強烈。」

黛安娜的丈夫因爲恐懼的「暗示」，竟然被自己嚇暈，可見「暗示」的力量多麼有威力。

這樣說來，人的性格並非與生俱來，而是被長期的慣性思考所影響。那麼一個沒有自信的人，也能藉著自我暗示，改善信心不足的部分。

從今天起，不妨給自己一些小小暗示，多給心靈正面的鼓勵，改變過去不好的思考方式，你也可以開創新的生活。

尊重他人也是尊重自己

不管是多有權威的人，都沒有高貴到可以忽視、看輕一個人的地步。尊重每一個人，也是尊重自己的一種方式。

有一年，澳洲航空董事長傑克森女士搭機到美國時，因爲公事包裡帶著民航機圖表，被懷疑是謊報身分的恐怖份子。

「妳怎麼會有這些東西？」安檢人員問她。

「我是澳洲航空的董事長。」傑克森女士回答。

「可是，妳是個女人。」安檢人員不相信女人可以經營一家航空公司，也讓偵查身分的過程更加複雜。

傑克森女士出示身分證明文件之後，接著便拿出印著頭銜的專屬信籤，寫了一段話給這個名叫比爾的安檢人員：「親愛的比爾，這是澳洲航空董事長寫給你的，她是個女性。」

有一天，一位四十多歲的中年女人帶著一個小男孩，走進美國著名企業「巨象集團」總部大廈樓下的花園，坐在一張長椅上開始訓話起來。不遠處則有一位頭髮花白的老人正在修剪灌木。

忽然，中年女人從隨身包包裡拿出一團衛生紙，一甩手將它拋到老人剛修剪過的灌木上。

老人詫異地看了中年女人一眼，她也高傲地回望著他。老人什麼話也沒有說，走過去拿起那團紙扔進一旁的垃圾桶。

過了一會兒，中年女人又將一團衛生紙扔了過去。老人再次走過來把紙拾起來扔到垃圾桶，然後回原處繼續工作。可是，老人剛拿起剪刀，第三團衛生紙又落在他眼前的灌木上。

就這樣，老人一連撿了七次那中年女人扔出的衛生紙，但始終沒有露出不滿和厭煩的神色。

「你看見了吧！」中年女人指了指修剪灌木的老人對男孩說：「我希望你能明白，如果你現在不好好上學，將來就會像他一樣沒出息，只能做這些卑微低賤的工作！」

老人放下剪刀走了過來，對中年女人說：「夫人，這裡是集團的私家花園，按規定只有集團員工才能進來。」

「那當然，我是『巨象集團』所屬一家公司的部門經理，就在這座大廈裡辦公！」中年女人高傲地說著，同時掏出一張證件朝老人晃了晃。

「我能借妳的手機用一下嗎？」老人沉吟了一下說。

中年女人極不情願地把手機遞給老人，同時又不失時機地開導兒子：「你看這些窮人，這麼大年紀了，連手機也買不起。你今後一定要努力啊！」

老人打完電話後把手機還給了婦人。很快地，一名男子匆匆跑過來，恭敬地站在老人面前。老人對那個男子說：「我現在提議，免去這位女士在『巨象集團』

的職務！」

「是，我立刻按您的指示去辦！」那個男子連聲應道。

老人吩咐完後朝小男孩走去，輕撫男孩的頭，意味深長地說：「我希望你明白，世界上最重要的事，是要學會尊重每一個人。」說完，老人緩緩離去。

中年女人被眼前突然發生的事情嚇呆了。她認識那個男子，他是巨象集團最高階的人事主管。

「你……你怎麼會對這個老園工那麼尊敬呢？」中年女人大惑不解地問。

「妳說什麼老園工？他是集團總裁詹姆斯先生！」

中年女人一聽，癱坐在長椅上。

以前有一部日劇描述公司最基層的一群員工，工作是處理公司大小雜事，包括換燈管、分送郵件，以及補充廁所衛生紙。全公司的人都看不起這個部門，可是公司中有許多危機都是靠她們的力量解決的。

雖然情節誇張了點，卻告訴我們一個很正確的道理：每一個改變或影響，都是從最細微的地方開始，必須尊重每一個個體。

不管是多有權威的人，都沒有高貴到可以忽視、看輕一個人的地步。更不用說用言語、動作去侮辱他人，即使對方只是個不起眼的「園丁」。

所謂「人不可貌相」，除了告誡人們不能以外表來判斷一個人之外，更是提醒人們，不管對方身分、地位、性別爲何，都必須給予基本的「尊重」。

尊重每一個人，也是尊重自己的一種方式。

PART 8

不放棄，才會有奇蹟

如果能把每一次挑戰都當成最後一次希望，就不會放棄任何可以成功的機會，只要不放棄，就會有奇蹟出現的可能。

生命有熱情便充滿力量

當工作不再是單純為了物質上的追求，而是為了扮演好自己的「天職」，此時工作帶來的便是難以言喻的快樂。

近代實驗科學的始祖，哲學家法蘭西斯·培根去世之前，正在研究食品的冷凍和防腐辦法。

他殺了雞，用冰雪填滿了雞胸，等做完這些事時，幾乎是被人抬入屋內。一直到臨終之前，他還一心惦記著防腐實驗，口中喃喃自語：「我的凍雞怎麼啦？」

法國數學家鮑休埃病危時，連回答別人問話的力氣都沒有了。可是，當朋友問他：「鮑休埃，十二的平方是多少？」他卻能用微弱得幾乎聽不到的聲音回答：

「一百四十四。」

是怎麼樣的力量，讓這些人在臨終前還如此專心致力於自己的工作？

這是因爲，那些工作是他們所喜愛的，喜愛到不顧一切。

法國戲劇家莫里哀的新作《心病者》，在一六七三年二月十七日於巴黎皇家大劇院上演。

由於這次將由作者親自演出劇中的主人翁，所有喜愛戲劇的巴黎人為此爭相購票，盛況空前。

在開演前，莫里哀的妻子正在後台憂心忡忡地苦勸他：「你病得那麼重，就不要上場了吧！」

原來，那時他的肺病已經非常嚴重了，但是他仍堅持抱病登台。就在上台的前一刻，莫里哀握著妻子的手像交代後事般對她說：「在我的生活裡，快樂與痛苦相等的時候，我始終覺得幸福。但是，今天我的痛苦如此深，又不能冀望有滿意和甜蜜的生活，我知道我應該放棄我自己的生命了。」

燈光一打，台下響起熱烈的掌聲，莫里哀登場了。劇中主角「心病者」是一個掛著醫生招牌的江湖騙子，總是沒病裝病，但飾演這角色的莫里哀卻真的有病，經常痛苦地皺眉咳嗽，觀眾還以為是他表演得逼真，就熱烈地鼓掌喝采，卻沒有人知道，他在演出時正承受著巨大的痛苦。主角的形象在「假戲真做」的情況下，塑造得十分鮮明。

直到進行到第四場，莫里哀再也支撐不住了，大笑一聲後昏倒在台上。四小時後，莫里哀就停止呼吸，永遠離開人世。

這位喜劇作家一生寫了三十七部喜劇，到了最後，仍以行動寫下自己的最後一部「喜劇」。

能將生命結束在自己最喜愛的戲劇裡，莫里哀一生大概了無遺憾了！可惜的是，大多數人總在茫茫職場上到處游蕩，尋找不到一個落腳處，無法在任何地方久留，或者毫無衝勁地停留在某項工作上，就這樣直到退休。

尋找一個最適合自己的工作是非常困難的，但是無論選擇什麼，都該用積極的態度面對，盡力完成每一件事。

這麼一來，或許要找到一項最適合自己的工作依舊不易，可是至少我們能在每一件工作中得到成長的喜悅。

年輕的時候，我們可能因一時衝動、不服輸的念頭，總想挑戰困難重重的任務，或者爲了名利、地位而力爭上游，但是如願以償達到所要的目標之時，卻不一定眞正感到快樂。

直到有一天當工作與生命融合的時候，工作不再是單純爲了物質上的追求，而是爲了扮演好自己的「天職」，此時工作帶來的便是難以言喻的快樂。

唯唯諾諾只會喪失自我

只會唯唯諾諾的人，很多時候只在意自己的私利，甚至也常常會為了一己之私，而犧牲大多數人的利益。

只要我們能堅守自己心中那把公正的尺，即使身處在灰暗或不公平的競爭環境中，也一定能看見公理正義的支持力量。

有個城市正在公開招聘市長助理，其中有一個很重要的條件是：「限男人！」那天，被篩選後留下來的人全都擠在辦公室的門前，因為他們正等著最後一關的考試，即由市長本人親自面試。

第一個男子出現時，一頭的金髮襯著魁梧的身材，看起來很是強壯，而市長帶著他來到一個房間中。

沒想到房間的地板上竟撒滿了碎玻璃，讓人看了心驚膽顫，忽然，市長以十分威嚴的口氣說：「脫下你的鞋子！到那張桌子底下取出一份登記表，並填好交給我！」

男人一聽，連忙將鞋子脫掉，接著輕輕地踩著尖銳的碎玻璃，迅速地取出了登記表填好後再交給了市長。

滿臉痛苦的他，為了讓市長留下好印象，強忍著情緒，鎮定自若等待市長的下一步指示，這時市長僅指了指大廳說：「你可以到外等候。」

接著，市長帶著第二個男人來到另一間房門前，但是這間房間卻被鎖住了。只見市長冷冷地說：「這裡面有一張桌子，桌子上放著一張登記表，你想法子進去後，再將登記表填好後給我！」

男人發現門是鎖著的，忍不住回頭看了看市長，沒想到市長竟大聲道：「不會用腦袋把門撞開啊！」

聽見市長這麼斥責，男子竟二話不說，奮力一撞，第一次沒有成功，接下來又猛力地撞了足足有半個小時，雖然門已經開了，可是頭也撞出了一個小傷口，更別提身上又青又紫的皮肉傷了。

男子乖乖地拿出了表格，認真地填好交給了市長，市長仍然冷冷地對他說：「你可以去大廳等了。」

就這樣，一個又一個身強體壯的男人，全都用自己的意志和勇氣配合市長的要求，希望能獲得市長的肯定。

但是，市長對於他們的表現似乎相當不滿意，臉部表情顯得相當凝重。

最後一個男人走了進來，市長指著一個瘦弱的老人說：「他手裡有一張登記表，你去把它拿過來，並仔細填好後交給我！不過，你要注意一件事，他並不會輕易給你，所以，你必須用拳頭將他擊倒。」

男人一聽，原本冷靜的目光忽地變得相當嚴肅，他不解地問：「為什麼？你能不能給我一個合理的行動理由？」

只見市長冷靜地說：「不為什麼，這是命令！」

男子一聽，氣憤地說：「你不會是瘋了吧！我憑什麼打他？何況他還是個瘦弱的老人家！」

市長不以為然地看著他，接著又帶他分別到有碎玻璃或被鎖緊的房間中，同樣都被他反對，面對男子一再地拒絕執行的情況，市長忍不住對他大發雷霆，而男人見市長竟如此蠻不講理，氣憤地轉身就走。

這時市長忽然叫住了他，接著也把其他面試的人都召集在一起，並指著最後面試的男子說：「他被錄取了。」

這時，現場一陣不滿的騷動聲起，因為其他人幾乎都是撫著瘀傷等待，卻見這個人竟一點傷都沒有，紛紛不服氣地質問：「為什麼？」

市長笑著說：「因為你們不是真正的男人！」

市長這句話一出口，每個人無不大聲抗議著：「誰說的，為什麼？」

市長嚴肅地說：「真正的男人懂得反抗，只會為正義和真理付出貢獻，而不願意當個惟命是從的人，更不會為了巴結上司而做出無謂的犧牲。」

故事中要求的「眞正男人」，在仔細看完後，或者你也發現到，那根本無關性別，而市長眞正要求的，其實是助理要能有獨立的處理能力，以及能辨是非的判斷能力，而不是一個只會應聲的哈巴狗。

只會唯唯諾諾的人，很多時候只在意自己的私利，甚至也常常會爲了一己之私，而犧牲大多數人的利益，只是他沒有發現，當他做出了枉顧衆利的行爲時，其實他也失去了自己的未來。

沒有人想當別人的炮灰，然而寧願違背自己的心意，去做連自己都不想做的事，那不僅不會讓我們得到想要的結果，甚至連起碼的自保都將喪失。

適度地表達反對意見，誠心地闡述自己的獨立思考，如此我們才能與人有效地進行溝通，也才能讓每件事都能獲得一個最完美的解決。

信任，可以改變一個人

只要一個人對他存有信心和信任，就能讓他對人生懷抱一絲希望和溫暖。釋放「信任」，就可能改變一個人的一生。

有一個男同學，由於父母離異，從小就交由祖母撫養。

或許是隔代教養的關係，他成爲班級的頭痛人物，每一個老師都討厭他，他也樂得當個壞學生。

直到某次班導請假，來了一個代課老師，短短的兩個月，徹底改變他的一生。

代課老師發覺男孩有繪畫天分，不僅讓他代表班上參加美術比賽，還常常在全班面前稱讚他的優點，也幫他做課後輔導，追上功課落後的部分。只要他有進步，老師就會把他當自己小孩般給他親切的擁抱。

在他的求學過程中，第一次有人信任他的人格，相信他是一個好孩子。

信任，是一雙希望的手，能拯救一個人的靈魂。

在一個小鎮上，有一個出了名的地痞流氓布魯姆，整日游手好閒，酗酒鬧事，人們見到他都避之唯恐不及。一天，他醉酒後失手打死上門討債的債主，因此被判入獄。

入獄後的布魯姆，對自己以往的言行深深感到懊悔。有一次，他成功地協助獄方制止一次犯人集體越獄逃亡的事件，因而獲得減刑的機會。

布魯姆從監獄出來後，回到小鎮上重新做人。他想先找個地方打工賺錢，結果到處碰壁，沒有人願意聘請他。這些老闆全都遭受過布魯姆敲詐，誰也不肯任用像他這樣的人。

食不果腹的布魯姆只好轉向親朋好友借錢，但面對的都是一雙雙不相信的眼光。他的信心，開始滑向失望的邊緣。

鎮長聽說他的情況後，就拿出一百美元，遞給布魯姆。布魯姆接錢時沒有說任何一句話，平靜地看了鎮長一眼後，就消失在小鎮的路上。

數年後，布魯姆從外地歸來。他靠著一百美元起家，辛苦奮鬥後，終於成了一個腰纏萬貫的富翁，不僅還清了親朋好友的舊帳，還娶了一個漂亮的妻子。

他來到了鎮長的家，恭恭敬敬地捧上二百美元，然後十分感激地說：「謝謝您！」

事後，不解的人們問鎮長，當初為什麼敢借布魯姆一百美元，他可是出了名地痞，難道不怕他不還錢嗎？

鎮長笑了笑，回答說：「因為，我從他的眼神中看到了真誠，我相信他不會欺騙我，況且我已經有了拿不回這筆錢的打算。我那樣做，只是希望讓他感受到社會和生活不會對他冷酷，也不會遺棄他。」

莎士比亞在《李爾王》劇本中寫道：「我的敵人的狗，即使牠曾經咬過我，在寒冷的夜裡，我也要讓牠躺在我的火爐之前。」

待人寬容是一種生活智慧，誰都不可能不犯錯，誰都有失意、煩惱、困難的時候，人與人之間也難免產生摩擦、齟齬，唯有選擇寬容面對，才能給自己和別人更多一點機會。

一個即將走向極端的人，就這樣被鎮長的信任拯救回來。即使所有的人都對布魯姆失望，只要一個人仍然對他存有信心和信任，就能讓他對人生懷抱一絲希望，感到些許溫暖。

信任犯下重大過錯的人，是人們難以做到，也是社會普遍缺乏的寬容。一個有前科的人，要讓別人再度接受自己，是一條艱辛、難走的路。

或許，我們無法讓自己成爲那麼心胸寬大的人，但是至少不要落井下石，以冷漠的眼光抹滅他人的努力。

在許可的範圍內釋放「信任」，就可能改變一個人的一生。

讓世界充滿善意，人生更美麗

一個微笑能幫助一個人。只要我們的心中能充滿愛，他人自然能感受到這份善，更能激發出無數的愛和善與之回應。

美國一名小學生喬許因爲癌症做化療而掉光頭髮，全班的男孩爲了支持他對抗病魔，一起剃了大光頭。這樣溫暖的友情讓喬許充滿勇氣面對病痛，告訴自己要堅強活下去。

南丁格爾說過：「心的顏色是紅十字。」

人只要心中有愛，奉獻一點點愛心，就可以美麗一生。

喬治是華盛頓一家保險公司的業務員，為女友買花時，認識一家花店的老闆。但兩人只是泛泛之交，喬治只在花店裡買過兩次花。

後來，喬治因為幫客戶辦理一筆保險費的問題沒有處理好，被控詐騙入獄，必須坐十年的牢。

聽到這個消息後，他的女友離開了他，他更是心灰意冷極了。十年的時間太長，他過慣了熱烈、激情的生活，不知自己該如何度過沒有愛，也看不到光明的日子，他對自己一點信心也沒有。

喬治在監獄裡過了鬱悶的第一個月，幾乎要瘋了。

這時，有人來看他。

他有些納悶，在華盛頓，他一個親人也沒有，想不出有誰還會記得他。走進會面室，喬治不由地怔住了，原來前來探望他的是花店的老闆班，班還為他帶來一束花。雖然只是一束花，卻為喬治的牢獄生活帶來了生命力，也使他看到人生的希望。

他在監獄裡開始大量地閱讀、鑽研電子科學。

六年後，他獲得假釋。先在一家電腦公司當員工，不久就自己開了一家軟體公司，兩年後，他身價過億。

成為富豪的喬治，前去看望班時，才得知班已於兩年前破產，全家搬到鄉下過著貧困的生活。喬治把班一家人接過來，還為他們買了一棟房子，且在公司為他安排一個職位。

喬治告訴班：「是你當年的一束花，讓我留戀人世間的溫暖，給予我戰勝厄運的勇氣。無論我為你做什麼，都不能回報當年你對我的幫助。我想以你的名義，捐出一筆錢，讓天下所有不幸的人都感受到你博大的愛心。」

後來喬治果然捐出一大筆錢，成立「華盛頓．班陌生人愛心基金會」。

我們可能不會發現，自己的一點愛心，竟然會對他人造成如此大的影響，甚至回饋到自己身上。

因爲班的關心，讓喬治重拾對生命的熱忱，有足夠的勇氣面對人生風暴，更將這樣的「善心」，與更多人分享，那一束花就是無價的愛。

與其大費周章，用盡繁文縟節要做一件「善行」，不如省去浪費的時間和精力，對身邊的人多付出一點愛心，即使他只是個陌生人。

一個微笑、一句提醒，都能幫助一個人。

只要我們的心中充滿愛，他人自然能感受到這份善，更能激發出無數的愛和善與之回應，享受一個美麗人生。正如希臘哲學家亞里斯多德所說的：「美是一種善，它之所以使人愉悅，正是因為它善。」

保持童心，希望將會降臨

失去童心的大人，容易喪失孩子發現驚奇的樂趣。讓自己保有那顆孩子的心，就能對生命充滿更多的希望和期待。

印度詩人泰戈爾說：「上帝期待著人從智慧裡重獲他的童年。」

安徒生因爲有童心，而寫出一個個美麗的童話；曹雪芹因爲有童心，才能給筆下的賈寶玉一雙孩子的眼睛和心靈；吳承恩則在《西遊記》中藉著孫悟空表現出幽默與天眞。

擁有童心不代表幼稚，「童心」能讓人對任何事物都抱著好奇和驚喜。他們爲了追求快樂、喜悅而發現更多的新天地。他們不懂得害怕、挫折，只知道要往前走。許多擁有不凡成就的人，往往有一顆孩子的心。

瑪麗亞·羅塔斯是薩爾瓦多人，出生在貧困的印第安人家庭。因為買不起玩具，瑪麗亞六歲時就用父親給她的黏土捏成各種各樣的小動物，只要看過的東西都可以捏得出來，她對玩具有著超常的悟性。

那年聖誕節，父親帶她來到迪士尼經營的一家玩具城，讓她自己挑選一件禮物。她看了半天，竟一件也沒有挑中。

瑪麗亞這個怪異的舉動，引起玩具店的老闆唐納德·斯帕克特的注意。他問瑪麗亞：「妳不喜歡我們的玩具嗎？」

「是的。」

「那妳喜歡什麼樣的玩具。」

瑪麗亞指著擺放在架上的玩具開始數落：「這種姿式不好、那種顏色不對、這種看起來太笨、那種做得不像……」

唐納德覺得眼前這個小女孩的見解不凡，就問該如何改善不滿意的玩具。

瑪麗亞找來黏土，按自己的想像一個一個捏了起來。成品讓唐納德大為震撼，立即與她簽定一項長期合約，聘請她為玩具公司的顧問。

後來，迪士尼公司為了充分發揮瑪麗亞的天賦，每當世界各地有玩具展活動時，都會帶她去參觀，針對各種玩具提出的意見。

唐納德解釋他聘請瑪麗亞的動機說：「一個人具備的天賦和超凡的悟性不在於她年老或年少，而是在於她對事物提出的見解。我們所有的玩具設計都犯有一個通病，那就是失去了對童心直接反應的能力，目光陳舊，缺乏激情。」

後來，瑪麗亞為玩具公司帶來豐厚的利潤。公司在紐約四十二街，租了三間有現代化通訊設備的辦公室，聘請兩位女秘書和兩位男傭為她服務。瑪麗亞既在公司工作，又要到學校完成學業，她的工作時間每週不超過二十個小時。

她的年薪為二十萬美元，加上她在迪士尼公司持有的股權，瑪麗亞．羅塔斯的年收入高達二千萬美元。十五歲時，她已成為世界上最年輕的富翁。

有部電影描述一個小男孩因爲被欺負，向許願機祈求一夕之間長大，結果他的願望成眞。

變成大人的他驚慌失措，無法繼續住在家裡，只好在外流浪。在某個機緣下，他進入「玩具公司」，並成爲高階主管。原因只在於他擁有一顆「童心」，可以正確指出玩具設計上的問題，符合孩子的喜好。

失去童心的大人，容易以自己主觀的角度去看世界，也因此喪失孩子發現驚奇的樂趣。殊不知，許多偉大的發明，往往來自總是驚奇的心。

因爲一顆蘋果而發現地心引力的牛頓，臨終之前曾說過，自己只是一個在海邊拾貝殼的孩子。因爲有孩子明亮的心靈，才能發現那枚特別的貝殼。

讓自己保有那顆孩子的童心，就能對生命充滿更多的希望和期待。

懂得把握，可以找到自我

如果能客觀地了解自己的目標，對象自然就會出現。每個人都可以找出一個適合自己的人，只要先了解自己的內心。

希臘哲學家柏拉圖曾說：「一個人只是一個整體的一半，他要花費畢生去尋找他的另一半。」

許多男人認爲不要隨便談兒女之情，哪天有錢有勢後，不怕娶不到老婆。有錢有勢就眞的能找到「理想」的伴侶嗎？這樣的想法有待商榷。但是有一點我們可以清楚知道，不管是男人或女人，能尋找到自己理想的對象，就可以讓生命變得更完整。

巴甫洛夫是俄國傑出的心理學家，三十二歲時結婚。如同他傑出的研究成果一樣，他的求婚也別具一格。

一八八〇年最後一天，巴甫洛夫還在他的心理實驗室，可是許多朋友都在他家等他回來。那天下著雪，彼得堡市議會大廈的鐘敲了十一下。

一個同學不耐煩地說：「巴甫洛夫真是個怪人。他畢業了，又得過金牌，照理說應該掛牌做個醫生才對，那樣既賺錢又省力。可是他選擇進心理實驗室當實驗員，真是奇怪！他應該知道，人生在世，時日不多，應該多享享清福、尋尋快活才是呀。」

巴甫洛夫的同學裡有一個教育系的大學生，名叫賽拉菲瑪。她聽了那個同學的話，就站起來說：「那是你不了解他。不錯，人的生命的確是短暫的，但正因為如此，巴甫洛夫才努力工作。他經常說：『在世界上，我們只活一次，所以更應該珍惜光陰，過真實而又有價值的生活才是』。」

夜深了，同學們漸漸散去，賽拉菲瑪乾脆到實驗室門口去等巴甫洛夫。

鐘聲響了十二聲，已經是一八八一年的元旦了，巴甫洛夫才從實驗室走出來。他看到賽拉菲瑪，大受感動，挽著她的手走在雪地上。

突然，巴甫洛夫按著賽拉菲瑪的脈搏，高興地說：「妳有一顆健康的心臟，所以脈搏跳得很快。」

賽拉菲瑪感到非常奇怪，為什麼巴甫洛夫會這樣說？於是，她問道：「你這話的意思是……」

巴甫洛夫回答：「要是心臟不好，就不能做科學家的妻子了。身為一個科學家，會把所有的時間和精力都放在科學研究上，收入又少，又沒空兼顧家務。所以做科學家的妻子，一定要有健康的身體，才能夠吃苦耐勞、不怕麻煩地獨自料理瑣碎的家務。」

賽拉菲瑪立即會意，接著說：「你說得很好，我一定會做個好妻子。」

就這樣，他求婚成功了。就在那一年，他們結婚了。

有些人談了好幾次戀愛、相親了無數次，就是沒有下文，因此總認爲是自己無法找到眞命天子或天女。

其實，很多時候他們根本不知道自己要的是什麼樣的伴侶，這個也不好、那個也不對。如果能客觀地了解自己的目標，對象自然就會出現。

巴甫洛夫非常清楚什麼樣的人適合自己，可以攜手共度一生。他的求婚或許不浪漫，但是卻非常誠心、實際且有趣。

每個人都可以找出一個適合自己的人，只要先了解自己的內心。當我們碰到一個可以讓自己產生結婚念頭的人時，必須好好把握、有所行動，否則「在對的時間遇見對的人」也不一定有好的結果。

不放棄，才會有奇蹟

如果能把每一次挑戰都當成最後一次希望，就不會放棄任何可以成功的機會，只要不放棄，就會有奇蹟出現的可能。

有次，在「動物星球」頻道看到一隻在河邊慢步的塘鵝不想到水裡捕魚，竟然一口將草地上的鴿子「放入」嘴裡。

只見塘鵝的大嘴不停晃動，持續了好一陣子，受不了獵物的掙扎，終於張嘴將牠吐出來。鴿子躺在草地上幾秒後，動了動翅膀，飛離了草地。

這樣的畫面在大自然中時常可見，有些獵物瞬間死亡，有的掙扎許久才斷氣，有的則是負傷逃脫。或許，有些動物最後的結局仍是失去生命，但是奇蹟存活下來的，絕對是經過奮力掙扎的生命。

非洲大草原上，碧綠的青草散發著迷人的幽香，各種動物盡情地奔跑著、跳躍著，一切是那麼的生氣盎然。草叢中，一頭剛學會捕獵的小獵豹靜臥在那兒，蓄勢待發，等待著獵物出現。

過了不久，不遠處來了一頭雄壯的羚羊，身後跟著的是一隻小羚羊，牠們悠然自得地咀嚼著鮮嫩的青草，全然不知死神正悄悄地盯著牠們。

小獵豹悄無聲息地向羚羊靠近，壓低的身軀難掩眼中閃爍的兇狠神色。時機一成熟，獵豹就像離弦之箭，猛然躥出草叢往羚羊奔去。

突如其來的驚嚇讓小羚羊手足無措，立即張開四蹄，往遠處跑去。小羚羊根本不是小獵豹的對手，眼看就要被追上，雄羚羊為了引開獵豹，一聲長嘶之後，義無反顧地向獵豹方向飛奔而去。小獵豹毫不猶豫地把目標對準了大羚羊，一場生與死的激烈追逐開始了。

雖然大羚羊在獵豹轉向後立刻往後奔逃，但小獵豹的衝刺速度非常驚人，一下子就追上大羚羊。忽地，小獵豹猛然一躍，利爪無情地刺入了羚羊的背部，頓時鮮血如注。羚羊並未因此屈服，牠發出痛苦的哀號，用盡全身力氣掙扎、跳躍著，即使小獵豹正用利爪撕扯著自己的肉體。

小獵豹不適應持久的戰鬥，一個不留神放鬆利爪，就在這一瞬間，羚羊突然轉過身，用頭上的犄角不顧一切地刺向小獵豹。尖利的羊角以迅雷不及掩耳的速度刺入小獵豹的左眼，小獵豹放棄獵物，跌倒在草地上哀嚎。

大羚羊拖著血肉模糊的身軀向遠方跑去。夜幕漸漸降臨，父親找到了自己的孩子，用奄奄一息的聲音將剛才的一切都告訴了小羚羊，最後牠說：「孩子，當你長大後，也會遇到這樣的情況。你的敵人可以放棄追逐，你卻不能放棄逃跑。因為對牠們而言，這只不過是一頓晚餐，但是對於你而言，卻是生與死的關鍵。絕不能輕易放棄生命！」

這是父親留給小羚羊的最後一席話，說完之後，大羚羊倒在草地上，永遠地告別了這個世界。

曾有個實驗，將老鼠放在一個空間裡，並在四周通電，只要老鼠一想跑開那個區域，就會被電到。

幾次逃亡失敗後，被電怕的老鼠再也不敢離開那個空間。就算把電關掉，老鼠也不會亂跑，因爲牠已經放棄嘗試。

如果「放棄」是從「學習」中得來的習慣，那麼我們是否也可以「學習」到堅忍不拔呢？

如果我們能把每一次挑戰都當成最後一次希望，就不會放棄任何可以成功的機會。

警方教導女性遇上歹徒試圖侵害時，最好能呼叫求救，試著抵抗，有些壞人會因爲這樣的掙扎而放棄行動。對歹徒來說，與其找一個會抵抗的獵物，還不如找個不反抗的來得輕鬆。

因此，無論機會有多渺茫，我們都不能輕易放棄生命。只要不放棄，就會有奇蹟出現的可能。

不忘美德，必將有所得

「天公疼憨人」，這些「不知變通的傻子」正因為不與人計較，反而得到上天更多的照顧。

作家海明威在名著《老人與海》裡勉勵我們：「只要你不計較得失，人生還有什麼不能想法子克服的？」

大多數的失敗，其實都來自於錯誤與怠惰的心態，才會讓自己落入挫敗的命運。想要改變自己的人生，想要有不一樣的未來，就必須調整自己的心態，唯有如此，才能看見自己生命的陽光。

美國南方有一個州，當地的居民多半使用壁爐燒木材來取暖。

那兒住著一位樵夫，為某一戶人家供應木柴長達兩年多。這位樵夫知道木柴的直徑不能大於十八釐米，否則就不適合那家人特殊的壁爐。

有一次，他為老主顧送去的木柴大部分都不符合規定的尺寸，無法直接使用。主顧發現這個問題後，立刻打電話給樵夫，請他換成合適的，或者劈開這些不合尺寸的薪柴。

「我不能這樣做！」這個樵夫說道：「這樣所花費的工價會比全部柴價還要高。」說完，他就把電話掛了。

這個主顧只好捲起袖子，親自將木材劈開。工作到一半時，他注意到一根非常特別的木頭，這根木頭有一個很大的節疤，節疤處明顯地被人鑿開又堵塞住。是什麼人幹的呢？

他邊想邊掂量了一下這根木頭，覺得它很輕，彷彿是空心的。他用斧頭把它劈開，沒想到一個發黑的白鐵捲掉了出來。

他蹲下去拾起這個白鐵捲，打開一看，發現裡面包著一捆很舊的五十美元和一百美元兩種面額的鈔票。他數了數，恰好有二千二百五十美元。

很明顯地，這些鈔票藏在這個木柴裡已有許多年了，這個人唯一的想法是，讓這些錢回到它的真正的主人那裡。他馬上進屋子抓起電話聽筒，打給那個樵夫，問他從哪裡砍了這些木頭。

「那是我自己的事。」誰知這位樵夫卻回答說：「如果我洩露了我的秘密，別人會來跟我爭奪的。」

儘管這個主顧好說歹說，還是無法獲悉這些木頭是從哪裡砍來的，努力調查的結果，也不知道是誰把這些錢藏在木柴內。

故事的結局是：因為無法找到失主，這個主顧成了這些錢的主人，而那個樵夫卻沒有得到一分錢。

美國演說家胡伯曾說：「其實，世上只有不夠努力，並沒有真正的壓力，只有自我設限，不敢超越，並沒有真正的挫折。」

面對困難之時，積極的人會把它看成一種挑戰，但消極的人卻將它視爲一種壓力；只要勇於接受挑戰，壓力就是讓自己更迅速成長的助力。

快樂的秘訣就是做好自己該做的事，不自尋苦惱，也不替別人增添困擾。只要懂得改正輕忽怠惰的惡習，做好每個細節，生活就會更加充實自在。

如果樵夫善盡自己的職責，將不符合規定尺寸的木材劈好，那這筆錢的發現者，將會是樵夫本人。

或許在「世風日下，人心不古」的現代，許多人早就將古人重視的仁義道德當作迂腐的教條而束之高閣。至今仍然信守仁義道德的人，大都被現代的「聰明人」視爲不知變通的傻子。

殊不知，「天公疼憨人」，這些「不知變通的傻子」正因爲不與人計較，反而得到上天更多的照顧。

別羨慕這些人總是好運，別埋怨不曾得到上天的眷顧，先想一想自己是否具備使好運光顧的條件吧。

PART 9

保持微笑，有意想不到的成效

微笑能化解爭端，平息對方的怒火，更可以安撫自己內心的悶氣。讓微笑幫助自己解決衝突，讓問題簡單一點。

幸福來自內在的滿足

摩里斯．梅特林克說：「幸福就像是一隻膽怯的青鳥，你費盡心思想要捕捉牠，牠就會機警地飛去。最好的方法是保持距離，牠就會永久地陪伴著你。」

作家蘭爾代斯曾說：「我們只有一次生命，而且它又相當短，我們為什麼要浪費那麼多時間，在自己最想做的事情上面猶疑不決呢？」

只有鼓起勇氣去做自己想做的事情，才能讓自己活得更好。

許多人想要過得幸福快樂，到頭來卻變得發覺自己越來越不幸福，越來越不快樂。這是因爲他們不滿足於現狀，不知道幸福快樂就在於內心世界的滿足，而想從外在的物質世界去找尋名聲、財富、權勢……來填滿自己的慾壑，胸中充滿這些塵俗的東西，結果當然越來越不快樂。

有一位信徒非常虔誠，十幾年來風雨無阻，每天都到寺廟裡上香，並且對著神佛默禱。這種精神頗讓寺廟的住持欽佩。

可是，不知從什麼時候起，這個信徒突然不再出現，寺廟住持納悶之餘，不禁擔心他是不是出了什麼意外，無法前來上香祈福。

過了一陣子，住持外出辦事時，恰巧遇見這位信徒，連忙問他是不是出事了。誰知道，這位信徒竟然忿忿不平地問說：「住持師父，我十幾年來風雨無阻地到廟裡燒香膜拜，夠誠心誠意了吧？」

住持莫名所以，小心翼翼地回答：「這種精神，的確難能可貴。」

信徒接著問道：「既然如此，為什麼我十幾年來對神明許下那麼多願望，卻從來沒有一件實現呢？」

住持這時才恍然大悟，不禁搖搖頭說：「這是理所當然的事，因為神明根本沒聽見你說什麼。」

信徒疑惑地問道：「為什麼？」

住持回答說：「因為你所燒的香裡，充滿難聞的市儈味道，神明一聞見就退避三舍，怎可能聽見你所說的願望？」

諾貝爾文學獎得主摩里斯．梅特林克說：「幸福就像是一隻膽怯的青鳥，你費盡心思想要捕捉牠，牠就會機警地飛去。最好的方法是保持距離，牠就會永久地陪伴著你。」

一般人都以爲金錢會帶來快樂，常常嘆息：「要是我有很多錢就好了，我一定會變得很快樂！」

其實，這是錯誤的想法。金錢的力量固然不容輕視，但是，爲什麼富有的人常常感到苦惱，有些窮人反而能怡然自得呢？

由此可見，幸福快樂的泉源並不是財富，物質生活貧乏的人只要知足，也能過得快樂自在。

良好的健康是幸福快樂的基礎，疾病纏身的人是快樂不起來的。身體不健康會帶來沮喪和抑鬱……等等負面情緒，所以，想要過得幸福快樂，首先就得保持身心健康。

懶惰的人很少是快樂的，大部分喜歡發牢騷的人都是無所事事的懶惰蟲。勤勞工作的人大都是愉快的，因爲他們會在工作上得到樂趣，使自己從沈悶、抑鬱中解救出來。

一個人必須有適當的娛樂和嗜好，來充實空閑的時間，不懂利用閑暇時光，就不會有快樂。諸如運動、音樂、閱讀……等等有益身心的消遣活動，都會增加生活上的快樂。

此外，適當的的社交活動也是快樂的一大來源。人是群體的動物，誰也不能過著離群索居的生活。眞摯的友誼是最可貴的財產之一，與眞心的朋友交往，也是一種樂事。

總而言之，幸福快樂的眞正來源是內心的滿足。快樂的王國就在你的內心裡頭，如果你過著仁慈、謙讓、寧靜和正直無私的生活，那麼，幸福快樂就會永遠伴隨著你。

隨時做好準備，才能抓住機會

做好份內的事就是隨時為生活做好準備，如此即使面對任何突發的狀況，都能有辦法從容應對。

生活中有許多事物看似可有可無，誰也不能保證這些東西是否能派得上用場。

但是，只有隨時做好準備的人，才能抓住突然出現的機會。

亞里斯多德是古希臘的大哲學家，也是柏拉圖的學生，在生物學、天文學、醫學等方面也非常有成就，做出許多重大的貢獻。

有一天，亞里斯多德外出時遇上大雨，道路泥濘不堪，回到家時渾身上下都是泥水。臨睡前，他特別交代僕人替他把靴子刷一刷。

第二天一早，亞里斯多德要出門時，見到靴子上仍然沾滿泥水，便問僕人說：「你怎麼沒有幫我把鞋子刷一刷呢？」

「先生，需要那麼費事嗎？」誰知僕人平靜地說：「路上到處都是泥水，刷了有什麼用，一走出去還不是很快又沾上泥。再乾淨的鞋，用不了十分鐘，就會和這雙鞋沒兩樣了。」

聽完這段話，亞里斯多德並未指責他，只是趕快整理好東西準備出門。

當他穿好鞋子，走出去時，僕人急急忙忙從他身後追了上來，說道：「請留步，先生！那把鑰匙呢？」

「什麼鑰匙？」

「就是食物櫥的鑰匙，我還要吃午飯呢。」

「我的朋友，吃什麼午飯呢？吃過以後，用不了多久，你不是也會和現在一樣餓嗎？」亞里斯多德微笑地說。

曾有人問亞里斯多德：「你和平庸的人有什麼不同呢？」他的回答是：「他們活著是爲了吃飯，而我吃飯是爲了活著。」

如果隔天沒下雨，又剛好有重要人物來訪，穿著一雙髒鞋的亞里斯多德該如何面對客人呢？其實，擦不擦鞋跟吃不吃飯有很大的區別，但這兩件事都有一個共同點，那就是都屬於人們份內該做的事。

份內該做的事，若能盡心做好，即使如「吃飯」這件平凡簡單的小事，也能夠變成有意義的大事。這就是亞里斯多德與一般人不同的地方，他認爲必須吃飯好延續生命，才能繼續爲人類做出貢獻。

有些人對於份內該做的事，抱著馬虎的態度，反正只要做完就算交差。然而，當一個主管想要提拔下屬時，首先要考慮的除了可以做完份內工作的人之外，更要是能夠將工作做得好的人才。

因此，做好份內的事就是隨時爲生活做好準備，如此即使面對任何突發的狀況，都能有辦法從容應對。

保持微笑，有意想不到的成效

微笑能化解爭端，平息對方的怒火，更可以安撫自己內心的悶氣。讓微笑幫助自己解決衝突，讓問題簡單一點。

相信每個人都有過這樣的經驗，當你爲了自己的失誤道過歉後，對方仍然不肯接受，甚至不停的責怪、羞辱你。原本的愧疚之情，也會在對方不留情面的態度下，轉爲委屈與不滿。

若因此和對方起衝突，那麼你就是這場事件中最大的輸家了。

面對別人的不滿和指責時，不妨先放鬆緊繃、混亂的心情，做個深呼吸，然後用微笑來解決一切。

飛機起飛前，一位乘客請空姐幫他倒一杯水吃藥。

空姐很有禮貌地說：「先生，為了您的安全，請稍等片刻，等飛機進入平穩飛行後，我會立刻把水為您送過來。」

十五分鐘後，飛機進入平穩飛行狀態許久。突然，乘客服務鈴急促地響了起來，空姐才猛然想起來：糟了，由於太忙，忘記為那位乘客倒水了！

當空姐來到客艙，看見按服務鈴的果然是剛才那位乘客。她小心翼翼地把水送給那位乘客，面帶微笑地說：「先生，實在對不起，由於我的疏忽，延誤了您吃藥的時間，我感到非常抱歉。」

這位乘客抬起左手，指著手錶說道：「這是怎麼一回事，都過了這麼久，有人像妳這樣服務的嗎？」

空姐手裡端著水，心裡感到很委屈，但是，無論她怎麼解釋，這位挑剔的乘客都不肯原諒她的疏忽。

接下來的飛行途中，為了補償自己的過失，每次去客艙為乘客服務時，空姐都會特別走到那位乘客面前，面帶微笑地詢問他是否需要水，或者其他需要幫忙的地方。

可是，那位乘客並未因此消氣。

快到目的地前，那位乘客要求空姐把乘客意見表送去給他，很顯然地，他要投訴這名空姐。

這時，空姐心裡雖然不高興，但是仍然不失職業道德，表現出最有禮貌的態度，面帶微笑地說道：「先生，請允許我再次向您表示真誠的歉意，無論您提出什麼意見，我都將欣然接受您的批評！」

那位乘客臉色一緊，嘴巴準備說什麼，可是卻沒有開口，他接過意見表，開始在單子上寫了起來。等到飛機安全降落，所有的乘客陸續離開後，空姐原以為這下完了，沒想到等她打開意見表，卻驚奇地發現，那位乘客寫下的並不是投訴信，而是一封熱情洋溢的表揚信。

是什麼使得這位挑剔的乘客最終放棄了投訴呢？

信中，空姐讀到這樣一句話：「在整個過程中，妳表現出的真誠歉意，特別是妳的十二次微笑，深深打動了我，使我最後決定將投訴信寫成表揚信。妳的表現很優秀，下次如果還有機會，我仍會選擇乘坐這家航班！」

被一味指責的時候，相信很多人都會難以忍受，這時候「微笑」便是幫助你度過難關的重要關鍵。若空姐因爲乘客不夠寬大的心胸而生氣，甚至無禮對待，相信她的工作即將不保，甚至在這個行業中留下不好的記號。

有時候，過多的言語只會造成更多的事端，不如多多微笑，少開口。

正如印度詩人泰戈爾所說的：「當人微笑時，世界愛了他；當他大笑時，世界便怕了他。」

中國也有句俗話說：「伸手不打笑臉人。」

微笑能化解爭端，平息對方的怒火，更可以安撫自己內心的悶氣。讓微笑幫助自己解決衝突，讓問題簡單一點。

充滿熱忱，夢想便都能成真

如果能因為熱忱而對自己的工作感興趣，就有機會改善生活品質，因為你已經把工作當作一種生活，樂在其中。

當我們做一件事，若心裡不樂意，事情做起來也顯得格外困難，因爲缺少一份「動力」。

「動力」的重要性就像煮東西時的火候一樣，火候要夠，油才會滾，食物才能熟。

生活、工作也是同樣的道理，如果不把壓力轉化爲動力，就算有再多的理想和學識，也只能在原地踏步，甚至容易迷失自己。

弗雷德雖然是一名普通的郵差，但他的事跡卻聞名世界。

弗雷德每天的工作就是為社區住戶收、送郵件。他聽說區內住著一位職業演說家桑布恩先生，一年有一百六十天到二百天都在外地出差，於是他向桑先生索取一份整年的個人行程表。

桑布雷很奇怪地問：「您要這個做什麼？」

弗雷德回答：「以便您不在家時，我能暫時為您保管信件，等您回來之後，我再送過去。」

這讓桑布恩很吃驚，從未碰過這樣的郵差：「不用這麼麻煩，把信放進信箱就好了，我回來再收也是一樣的。」

弗雷德解釋說：「竊賊會窺探住戶的郵箱，如果發現是總是滿的，就表示主人不在家，房子很容易遭小偷。」

看見桑布恩為難的神色，弗雷德想了想，接著說：「這樣吧，只要郵箱的蓋子還能蓋上，我就把信放到裡面。塞不進郵箱的郵件，則擱在房門和屏柵門之間。

如果那裡也放滿了，我就把其他的信留著，等您回來。」

弗雷德的建議無可挑剔，桑布雷欣然同意了。

兩週之後，桑布雷出差回來，發現門口的擦鞋墊跑到門廊的角落裡，下面還遮著某個東西。

原來在他出差期間，快遞公司把他的包裹投到別人家。弗雷德看到桑布雷的包裹送錯地方，就把它撿起來，送回他的住處藏好，還在上面留了張紙條，解釋事情的來龍去脈，並費心地用擦鞋墊把包裹遮住，以避人耳目。

不同郵政公司市場競爭激烈，比到最後，就是以服務取勝。因為有一批弗雷德式的職業化員工所提供的人性化服務，才能創造無形價值，使弗雷德所屬的公司能在眾多競爭對手中脫穎而出。

從弗雷德身上，我們看到他的敬業精神，以及對工作的熱忱。他的工作雖然嚴肅、乏味，但是他卻享受工作的樂趣，以「盡善盡美」的服務得到成就。

愛迪生花了畢生的心力在研究上，當人們問他天天工作是否覺得很辛苦之時，他的回答卻讓人驚訝：「我這輩子一天都沒工作過。」

因爲他做到了「以此爲生，精於此道，樂在其中」的個中眞諦。如果我們能做到這一點，用熱忱的心態面對工作，相信人生會過得更愉快。

英國首相狄斯雷利說過：「一個人想成為偉人，唯一的途徑便是：做任何事都得抱著熱忱。」

如果能充滿熱忱，對自己的工作感興趣，就有機會改善生活品質，甚至加薪、升官。因爲，你已經把工作當作一種生活，樂在其中。

你比無知的人更無知？

古希臘哲學家伊比鳩魯在《梵蒂岡名言》一書中說：「在辯論中，失敗的人得益更多，因為他學到更多東西。」

在威爾遜總統時代曾任財長的麥訶圖說：「想要用爭辯的方法，來折服一個無知的人，那是不可能的事。」

這句話，可說是麥訶圖縱橫政壇的經驗之談，我們不妨把它當做應付無知之徒的座右銘，時時提醒自己不要白白浪費自己的精力。

剛愎自用、爭強鬥勝，並不會使人就此走向康莊大道，只會使人走向寸步難行的泥沼。

據說，美國進行南北戰爭的時候，林肯總統麾下有一個年輕軍官，非常喜歡與人爭辯。

某一次，他又為了一樁小事和同僚爭執不休，林肯於是把他叫到跟前勸戒他說：「你不應該耗費了許多寶貴的光陰，去和別人進行損人不利己的爭辯；更不應該蓄意用爭辯的方式，來傷害別人的自尊心。有些事要是能夠謙讓，還是謙讓一些好。與其和一隻狗搶路走，而被牠咬了一口，倒不如讓牠走過去。因為，萬一你被狗咬傷了，縱使把牠殺死了，你的傷口也不會因此而痊癒。」

林肯的這幾句話說得相當透徹，值得我們引以為戒，何必為了一時的情緒而和身邊無知的「狗類」過不去。

想用爭辯的方式，使一個無知的人折服，就宛如要使頑石點頭一樣，既費時費力，又無法達成任何效果。但遺憾的是，很多人卻因為抑制不了自己的好勝心，一再重複這種蠢行。

遇到有人爲了芝麻細事與我們喋喋不休，無論是顧客、朋友、上司、同事……都不妨先退讓一步，讓他們獲得自以爲是的勝利，千萬不要和他們糾纏不休，徒然浪費自己的生命。

此外，對於相持不下的問題，爭辯也不會是最好的解決辦法。我們必須爲彼此預留轉圜的空間，然後隨機應變，用種種柔性的手腕和同理心去應對，如此，問題才有迎刃而解的可能。

一個人知道的事物通常極爲有限，人生也短暫得譬如朝露一樣，既然如此，何必在浪費時間與別人進行毫無意義的爭辯，而磨損自己的生命呢？

古希臘哲學家伊比鳩魯在《梵蒂岡名言》一書中說：「在辯論中，失敗的人得益更多，因為他學到更多東西。」

只要細細想一下伊比鳩魯所說的話，我們不難得知，謙遜的人永遠不會吃虧了。當你想得到別人贊同自己的意見時，應該牢牢記住：「自己少開口，讓人家多說話。」

能為他人著想，便處處是天堂

天堂與地獄其實都是同一個地方，差別只在於人心。若人們都有一顆為他人著想的心，那麼處處都可以是天堂。

發明家愛迪生說：「如果人們都以同情、慈善及人道的行徑來剔除禍根，那麼人生的災禍便可消滅過半。」

天堂與地獄的差別，大概就在於一顆「體貼」別人的心。

如果一個人只想到自己，爲了爭奪「所需要的」而不惜一切代價，造成混亂的情況就像地獄。相反的，如果懂得彼此幫助、互讓，讓自己生活周遭散發出一股祥和之氣，那就是天堂的氛圍。

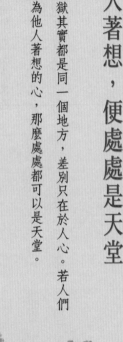

有一日，佛祖從地獄之井往下望去，只見無數生前作惡多端的人，正因為自己過往的惡行劣跡，飽受地獄之火的煎熬，臉上充滿痛苦的表情，不住地哀嚎著。這時，一個強盜看到了慈悲的佛祖，馬上祈求佛祖救他。

佛祖知道這個人生前是個無惡不作的大盜，專門搶劫他人財物，任意屠殺生靈。但是，他也曾經動過善念。有一次他在山林趕路，踏下的步伐正要踩到一隻小蜘蛛時，突然心生善念，動了憐憫之心，移開腳步，放過了那隻小蜘蛛，這成了他一生中罕見的善業。

佛祖認為他還有一絲善心，決定用那隻小蜘蛛的力量救他脫離苦海。

佛祖從井口垂下一根蜘蛛絲，大盜像發現了救命稻草一樣，拼命抓住那根蜘蛛絲，然後用盡全力向上爬。

其他在井中受煎熬的人看到這樣的機會當然不放過，一窩蜂擁上前跟著抓住那根蜘蛛絲，無論大盜怎麼惡言辱罵，他們就是不肯鬆開雙手。

蜘蛛絲上攀附的人越來越多，大盜見狀，擔心蜘蛛絲太細，不能承受這麼多人的重量，將自己脫離苦海的唯一希望毀壞，於是開始用雙腳踹開攀在蜘蛛絲上的人。突然，蜘蛛絲消失了，所有的人又重新跌入萬劫不復的地獄中。

如果蜘蛛絲是由佛祖拋下，那必定是堅定的慈悲，不僅不會斷，還可以救很多很多的人。可是，大盜連最後的一點憐憫之心都沒有了，所以佛祖也放棄對他的憐憫之念。

人們很容易因爲太注意自己而忽略他人，總是設身處地爲自己著想，除非有餘力，否則不會考慮對方。結果，每個人都爲了私利你爭我奪，讓生活像個人間煉獄。只會考慮自己的人，同樣的，別人也不會顧念到你。

有句話這麼說：「地獄就是一個你看得到天堂，卻到不了的地方。」

也就是說，天堂與地獄其實都是同一個地方，差別只在於人心。倘若人人都有一顆爲他人著想的心，那麼處處都可以是天堂。

懂得分享，世界會更寬廣

一個真正富有的人，懂得和別人分享。只會抓緊財富的人，心靈反而會更匱乏和空虛。

德國文豪托瑪斯曼曾說過：「身無分文者最慷慨，因為積聚財富的意念會讓人變得自私自利。」

人有了慾望，爲了能使它實現，就會擁有堅強的心志；然而，人有了慾望，也會因此蒙蔽心靈，眼中只有「慾望」。

就如同一個人的虛榮心，或許不能說它是一種惡行，因爲它，我們會更謹慎於自己的表現。

來達成目的。

但是，許多惡行卻又脫離不了虛榮心，爲了滿足它，很多人不惜用非法手段來達成目的。

石油大王洛克菲勒出身貧寒，創業初期勤勞肯幹，人們都誇他是個好青年。可是，當他富甲一方後，便變得貪婪冷酷，賓夕法尼亞州油田一帶的居民深受其害，對他恨之入骨。

開始有居民用木頭刻出他的肖像，然後將那木偶像模擬處以絞刑，以解心頭之恨。無數封充滿憎恨和詛咒的威脅信送進他的辦公室，連他的兄弟也不齒他的行徑，將親人的墳墓從洛克菲勒家族的墓園中遷出，並說：「在洛克菲勒支配的土地內，我的親人是無法安眠的！」

洛克菲勒的前半生就在眾叛親離中度過。洛克菲勒五十三歲時，疾病纏身，人瘦得像木乃伊。

醫生告訴他：「你必須在金錢、煩惱、生命三者之中選擇一個。」

這時他才開始領悟到，是貪婪的惡魔控制了他的身心。他聽從醫生的勸告，退休回家，開始學打高爾夫球，去劇院看喜劇，還常常跟鄰居閒聊。

他開始過著一種與世無爭的平淡生活。

後來，洛克菲勒考慮把巨額財產捐給別人。起初人們並不接受，可是經過他的努力，人們慢慢地相信他的誠意。

洛克菲勒創辦了不少福利事業，還幫助許多黑人脫離貧困生活。他一生至少賺進了十億美元，捐出去的就有七點五億。

後此，世人開始用另一種眼光來評價他。

法國文豪大仲馬曾經在他的著作中寫道：「未來有兩種前景，一種是猥猥瑣瑣的，一種是充滿理想的。上蒼賦予人自由的意志，讓人可以自行選擇，你的未來就看你自己了。」

人世間固然充滿各種誘惑，但活在這個世界上，每個人都應該努力做有價值的人，坦然面對自己，然後征服自己，戰勝自己。

很少有人知道，著名的慈善家石油大王洛克菲勒，也曾被金錢蒙住了雙眼。

金錢幾乎讓他成爲一個惡魔的化身，卻也讓他成爲菩薩。

洛克菲勒的前半生爲金錢迷失了方向，後半生雖然千金散盡，卻得到了用金錢買不到的平靜、快樂和健康，贏得別人對他的尊敬和愛戴。

許多人的一生，都爲了追求名利而存在。你可以選擇用名利來幫助別人，也可以用名利來打壓別人，端看要怎樣塑造自己人生的雕像。

南宋理學家朱熹說：「凡名利之地，退一步便安穩，只管向前便危險。」

確實，一個眞正富有的人，懂得和別人分享；只會抓緊財富的人，心靈反而會更匱乏和空虛。

有意騙人，就別怨對方不能信任

用不光明手段來謀利的情況很多。你騙我、我騙你，為了自己的「私心」而不擇手段，過程中，往往會兩敗俱傷。

羅伯．布朗寧說過：「我們能救自己的靈魂就夠了，如果想戲弄他人的靈魂，結果往往適得其反。」

爲用小手段佔了別人的便宜，或者做一些證明自己比別人聰明的事，雖然可以得到一時的快樂，卻會傷害到他人的自尊，造成雙方的不愉快。

這樣的行爲，也會導致自己人緣變差，得不到他人的敬愛。

從前，北天竺有一個技藝高超的木匠，做了一個木頭女孩，這木女面容端正，舉世無雙，服飾也齊整乾淨，與世間女子毫無差別。她也能走來走去，斟酒待客，只是不會說話。

當時南天竺有一個畫師，很擅長作畫。木匠聽說後，便準備好酒好食，請畫師前來做客。畫師到了後，木匠便讓木女出來斟酒端食，從白天一直吃到晚上，畫師還以為她是個真人，很喜歡她，對她掛念不已。

當天色已晚時，木匠進房內去休息，也請畫師在這裡住一晚，並留下木頭女孩來服侍他，暗示他說：「專門留下這女子，可以陪你一起休息。」

當主人進屋後，木女還站在燈下。畫師便叫她過來，但是女子卻一直沒有動靜。他以為女子害羞，所以才不過來，於是就上前去拉她的手，這時才知道她原來是個木頭人。

頓時，畫師感到很羞愧，心裡想：「這主人欺騙我，我一定要報復他。」

於是，畫師便在牆上，畫了自己的畫像，畫中人所穿的衣服也與自己相同，畫上的這人用繩懸頸，好像已吊死的樣子，又另外畫了一隻鳥在啄屍體的樣子。

畫完後，就關好門，爬到床下躲起來休息。

天亮之後，主人前來請客人用餐，一向屋裡看去，沒想到看見牆上客人吊死的模樣。木匠大驚失色，以為畫師真的死了，便破門而入，用刀砍繩。這時，畫師才從床下爬出來，木匠見狀很羞愧。

畫師說：「你可以騙我，我也可以騙你，現在主客情誼已盡，互不相欠。」

現今社會，用不光明手段來謀利的情況很多。你騙我、我騙你，爲了自己的「私心」而不擇手段。在這樣的過程中，往往會兩敗俱傷。

這也讓人想到一個民間故事：

一個駝子想要娶個美嬌娘當老婆，就拜託媒婆幫忙。媒婆傷透腦筋，要到哪裡找個肯嫁給駝子的美麗女孩呢？

正巧鄰村有個大戶人家的女兒到了適婚年齡，想找個優秀的女婿嫁女兒，可是她生來兔唇，遲遲沒人上門提親。一個駝子、一個兔唇，湊成對豈不剛剛好！媒婆愈想愈高興，就努力促成這們親事。

媒婆教駝子騎著馬從女孩家花園前經過，別讓女孩看到他的駝背。又要女孩假裝聞花香，將花湊在鼻前，遮住兔唇。因爲這些巧妙的「掩飾」，兩人自然看對眼，順利拜堂成親。

到了新婚之夜，兩人發現對方的缺陷都大怒不已，覺得受騙上當，於是告上公堂。縣官老爺聽完來龍去脈後，並沒有將媒婆定罪，反而要夫妻倆好好的回去過生活。畢竟，最初兩人都有「欺騙」對方的意圖。

這個故事雖然諷刺，卻也算是個圓滿結局。可是，現實的生活沒有那麼簡單，若抱著「欺騙」的心來對待他人，往往會得不償失。

PART 10

改變心境，
就能改變人生

古羅馬大哲學家奧理略曾說：「人的一生，是由他的想法創造所成。當我們抱著幸福和快樂的思想時，就會過得幸福和快樂。」

彼此努力，才能有長久關係

結婚是件幸福的事，維持長久的相愛關係卻不容易。在要求對方達到自己的需求時，也該思考自己是否還有努力空間。

日本作家龜井勝一郎說：「有位作家曾經說過：『結婚是青春的過失。』我覺得『過失』這兩個字用得很好，因為一對夫妻如果認為結婚是戀愛的墳墓，也許他們會微笑地向對方說：『我們兩個都完了。』我認為，這就是一種夫妻愛的表現。」

能平白找到一個完全適合自己的對象，機率近乎於零。因爲，融洽的婚姻生活、適配的對象，是逐漸形成、慢慢創造出來的。

某科系的最後一堂課是「婚姻含有經營和創意」，主講老師是一位研究婚姻問題的教授。他走進教室，把一疊圖表掛在黑板上，然後掀開第一頁，只見上面寫著一行字：

婚姻的成功取決於兩點：一是找個好人；二是自己做一個好人。

這時台下嗡嗡作響，許多已婚身分的學生交頭接耳討論起來。有位三十多歲的女子站起來說：「如果這兩條沒有做到呢？」

教授翻開圖的第二張，說道：「那就變成四條了。」

一、容忍，幫助，幫助不好仍然容忍。

二、使容忍變成一種習慣。

三、在習慣中養成傻瓜的特性。

四、做傻瓜，並永遠做下去。

教授還未把這四條唸完，台下就喧嘩起來，說著要做到這樣太難了。

等到大家靜下來，教授繼續說：「如果這四條做不到，你又想有一個穩固的婚姻，就得做到以下十六條。」教授翻開第三張掛圖。

一、不同時發脾氣。

二、除非有緊急事件，否則不要大聲吼叫。

三、爭執時讓對方贏。

四、當天的爭執當天化解。

五、爭吵後回娘家或外出的時間不要超過八小時。

六、批評時話要出於愛。

七、隨時準備認錯道歉。

八、謠言傳來時，把它當成玩笑。

九、每月給他或她一晚自由的時間。

十、不要帶著氣上床。

十一、他或她回家時，你一定要在家。

十二、對方不讓你打擾時，堅持不去打擾。

十三、電話鈴響，有時讓對方去接。

十四、口袋裡有多少錢要隨時報帳。

十五、堅持消滅沒有錢的日子。

十六、給你父母的錢一定要比給對方父母的錢少。

教授唸完，有些人笑了，有些人則嘆起氣來。過了一會兒，教授說：「如果大家對這十六條感到失望的話，那你只有做好下面的兩百五十六條了。總之，兩個人相處的理論是一個幾何級數理論，它總是在前面那個數字的基礎上進行二次方。」

教授接著翻開掛圖的第四頁，這一頁寫滿了密密麻麻的字。

望著譁然一片的教室，教授說：「婚姻到這一地步就已經很危險了。」

台下頓時安靜無聲，有人流下了眼淚。

人生有許許多多的困擾和煩惱，其實都來自於我們想要操控某些事情或某些人，尤其是自己最親近的人。

結婚雖然是件幸福的事，維持長久的相愛關係卻不容易。

一個與自己「相配」的對象必須建立在某種程度的相互包容上，在要求對方達到自己的需求時，也該思考自己是否還有努力的空間。

所謂的「個性完全不合」是不存在的，只有願不願意爲兩人的關係多努力一點，用智慧克服相處上碰到的每一次危機。

阻礙不會影響真愛

人只有在最危急的時候，表達出的愛才最真誠。一個能在你最低潮時陪伴在身邊的人，才是真心待你的人。

美國著名的短篇小說家歐·亨利在一篇名爲〈聖誕禮物〉的故事中，描述著一對恩愛卻貧窮的夫妻，爲了在聖誕節前夕送給對方一份合適的禮物，犧牲了自己寶貴的東西。

妻子爲了替丈夫買一條錶鏈搭配他心愛的懷錶，將美麗的長髮賣給理髮店做假髮。丈夫則賣掉懷錶，換了一把髮梳要送妻子。

兩人拆開對方送給自己的禮物時，雖然不免心酸，心裡卻是溫暖的。因爲彼此都只想著「能爲對方做些什麼」！

眞摯的愛往往沒有條件，在最危急的時候能夠毫不猶豫的顯現出來。

一位老師出了一道題目，要求每個學生說出一種「愛的表達方式」，內容不能重複。得到的答案五花八門，其中有一個女孩，講了這樣一個故事：

有一對年輕夫婦都是生物學家，經常一起深入原始森林考察。有一天，他們像往常一樣走進森林，可是當他們爬過那塊熟悉的山坡時，頓時僵住了，原來有隻老虎正盯著他們。

沒帶獵槍的他們臉色蒼白，知道自己逃不了，一動也不動地盯著老虎，老虎也和他們對望。僵持了幾分鐘的時間，老虎朝他們奔來。就在這時，那個男人突然喊了一聲，然後自顧自地飛快跑開了。

奇怪的是，快跑到女人面前的老虎也突然改變了方向，朝男人追了過去。隨後就傳來慘叫聲，女人平安地逃了回來。

當聽到男人自顧自跑開，最後被老虎咬死時，幾乎所有的人都說了聲「活該」。也在這時候，說故事的女孩問大家知不知道那男人最後喊的話是什麼。所有的同學整理出兩種答案。

第一個是：老婆，對不起！我先走了！

第二個是：趕快逃啊！逃一個算一個！

女孩平靜地說：「你們都錯了！那個男人對他的妻子喊的是：『照顧好女兒，好好活下去！』」這時，女孩的臉上已經掛滿了淚水。

面對著大家的驚愕和不解，她接著說道：「在那種情況下，老虎只會攻擊逃跑的人，這是老虎的特性。」

最後，女孩說：「在最危險的時刻，我爸爸一個人跑開了，但他用這種方式表達了對我媽媽最真摯的愛。」

教室裡沉寂了一會兒，接著響起了掌聲。

有句話說：「患難見眞情。」人只有在最危急的時候，表達出的愛才最眞誠。一個能在你最低潮時陪伴在身邊的人，才是眞心待你的人。

一段理想的愛，並不一定有一百分的完美情人、說不完的體貼和甜言蜜語，而是願意一起分享快樂、悲傷，面對痛苦和喜悅的伴侶。

孩子們在還沒聽到故事結尾前，就做出評斷，認為男人是個自私的傢伙，丟下妻子先行逃開。多數人會有這樣的想法，是因為當我們想到愛時，都只問對方能「給予」什麼。

或許，我們也該想想自己能為對方付出多少。

正如同黑人人權推動者布克．華盛頓說的：「『愛』是一個圓，什麼地方都可以做圓心，因此你找不到圓周在哪裡。」

改變心境就能改變人生

古羅馬大哲學家奧理略曾說：「人的一生，是由他的想法創造所成。當我們抱著幸福和快樂的思想時，就會過得幸福和快樂。」

愛默生曾經說：「一個人抱持怎樣心態，他就是怎樣的人；一個人表現出怎樣行為，他也就是怎樣的人。」

對週遭環境所採取的態度，正是一個人最好的推薦信，如果你想改變目前的環境，那麼就要先改變你對事物的態度。

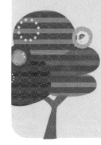

生命流程中的諸多煩惱，都是從不健全的思想滋生。

煩惱，不僅會使心靈變得晦澀、陰暗、憂鬱、愁苦，而且會使身體變得越來越孱弱。

大多數個性堅強的偉人，成功秘訣就是，不管遭遇到什麼不堪的逆境，絕不會讓自己的心裡生出絲毫層陰影，因此，他們才能渡越人生的苦海，到達幸福的彼岸。

有一個自殺未遂的人，出院之後內心依舊充滿陰霾和沮喪，後來聽從朋友的勸告，到某個幽靜的鄉野去轉換心境。

可是，生活的環境雖然改變了，他的心境卻沒有因此而改變，想要自殺的念頭仍舊十分強烈。

正當他徘徊在生與死的人生歧路時，有一天，信步走進一座教堂，恰好聽見牧師在講道，說了一句改變他命運的話：「**戰勝自己內心的人，就等於得了一座城。**」

他聽了，心弦一震，若有所思地回家。

無意間聽到的這句話，使得他的心境豁然開朗，從此放棄了自殺的念頭，過著安詳寧靜的生活。

古羅馬大哲學家奧理略曾說：「人的一生，是由他的想法創造所成。當我們抱著幸福和快樂的思想時，就會過得幸福和快樂。」

曾經叱吒風雲、席捲歐洲的拿破崙，當他兵敗滑鐵盧，被放逐到聖哈勒拿島之後，曾經相當感慨地說道：「我的一生當中，連六天的幸福日子都未曾有過。」

但是，天生既聾又盲，受盡人世折磨的教育家海倫凱勒，經過不斷奮鬥後卻說：「我已經感覺出人生是何等的美。」

其實，這兩種觀感都是心念不同所致。

美國心理學家威廉·詹姆斯博士說：「人生的快樂，完全是在於人的心理。只要你認為自己是愉快的，那就一定會愉快起來。尋求人生快樂的唯一之道就是如此。」

所以，要深深記住，幸福和快樂其實來自內心對現實生活的感觸，只要你肯改變自己憂鬱、愁苦、沮喪的心境，就會改變人生，找到屬於自己的幸福快樂。

生活用心，抵過千萬黃金

愛一個人，還得用「心」去體會對方真正的需求和感受。多花點心思檢視生活，為自己和家人留點享受幸福的空間。

有句話說：「夫妻是生命的共同體。」

如果能找到一個可以和自己分享生命的伴侶，人的生命才能算完整。因此，當你找到生命中的另一半時，總希望能盡一切力量，將整個世界給他，他的快樂就是你的快樂。

然而，在努力愛對方的過程中，卻也不知不覺地忽視了對方眞正想要的，甚至失去了某些東西。

威爾斯經過好幾個月的努力，終於為公司研發出一款新遊戲軟體，他想把好消息告訴妻子貝拉時，才意識到自己已經有半個月沒回家了。

庭院的玫瑰悄悄地綻放著，威爾斯卻沒看到妻子身影，他激動地大聲叫著：「親愛的，我回來了。」

可是，沒人回應，整個屋內空無一人。

威爾斯突然發見一張紙條，上面寫著：先生，請準備足夠的贖金到梅勒敦公園來。記住，不可以報警！否則你將永遠見不到你的妻子。

威爾斯怕綁匪對妻子不利而沒報警。他取出銀行所有的錢，來到梅勒敦公園，四處張望，心裡焦急萬分，卻看不到長得像綁匪的人。梅勒敦湖邊那棵熟悉的橡樹依然迎風而立，一張長椅靜置一旁，他的心一陣陣地揪緊，因為那是他和貝拉邂逅且相愛的地方。

他們總會挽著手來這裡散步，憧憬幸福的未來。可是，自己開了公司之後，工作日漸忙碌，一起散步的次數越來越少。

威爾斯孤零零地坐在這兒，想到從前曾有過的幸福時光，後來卻對妻子漸漸疏忽和冷淡，心裡充滿了愧疚。

有人交給他一張字條。威爾斯不知道歹徒究竟在玩什麼花樣，他急忙拆開，只見上面寫著：「到弗萊理電影院來，買一張正在放映的電影門票，記住是十排二號，到時會告訴你交易的地點。」

昏暗的電影廳裡人很少，這裡也是他和貝拉經常來的地方。遺憾的是，他竟想不起上一次帶貝拉來這兒是多久之前了。他還曾對妻子許諾，等有錢了，就帶她到那家有名的紐巴克餐廳去。

可是等到他們有錢後，威爾斯卻太忙。他以為有了錢就能擁有一切，現在他才領悟到，沒有了貝拉，再多的錢都毫無意義。

這時，又有一個人遞給他一張紙條。威爾斯無法忍受了，他抓住那個人的領口，大聲叫道：「你們到底想怎樣？你們把我妻子怎麼了？」

那人被嚇著了，同時有點憤怒地說：「先生，你誤會了，我可不想綁架你，我只是受一位女士的委託，把這個給你而已。」

「女士？」威爾斯滿腹狐疑地鬆了手，難道是一個女綁匪嗎？他急忙拆開字條，上面寫著：「想見你妻子，帶著贖金到前面的紐巴克餐廳來。」

「紐巴克餐廳？」瞬間，威爾斯恍然大悟，飛快地奔向紐巴克餐廳。

透過餐廳柔和的燈光，他看見一個熟悉的身影。

威爾斯輕輕走過去，握著貝拉的手說：「對不起，我知道自己錯了。這一次，我以一顆心作為贖金，妳能再給我一次機會，讓我贖回虧欠妳的所有幸福和快樂好嗎？」

人生本來就充滿選擇，如何面對發生在自己眼前的事情也是一種選擇，你的態度將決定你未來的人生道路。

但是，不管做了什麼選擇，只要多花一些心思，多花幾分鐘，有些事情我們還是可以適時兼顧的。

爲了讓對方過得更好，有的人將全部的精力投入工作之中，認爲只有豐厚的物質，才能擁有幸福的日子，結果卻因爲沒有把握「相處」的機會，流失了許多珍貴的事情。

工作雖然重要，但是日常生活也是生命的一環，忽視任何一方都將失去幸福。愛一個人，不僅僅是單純的「付出」，自認為是「為對方好」就夠了，還得用「心」去體會對方真正的需求和感受。別以為忙碌是個正當理由，就能忽視對親人的關心。

讓我們多花點心思檢視生活，為自己和家人留點享受幸福的空間。

越是親密，越要懂得感激

來自非親非故的付出，應當心懷感激，但是對於無條件付出的親情，我們不是更該體會這份難得的「恩惠」嗎？

由於少子化的趨勢，現代人對於子女的照顧，已經近似於溺愛。孩子們也習慣於接受、索取他人對自己的付出。

然而，人與人之間的關係是互相的，希望別人怎麼對你，自己得先學習如何尊重對方的付出。如果連對親近的家人都不懂得心懷感激，日後又怎麼體會他人給予的「恩惠」呢？

不應忘記別人的小恩小惠，更不該忽視父母的恩情。

一個小女孩經常和媽媽吵架，不管大小事都會成為爭吵的理由。有一天，小女孩又和媽媽吵起來，一氣之下跑出門去。

小女孩不知走了多久，看見前面有個麵攤，才想起自己還沒吃飯，肚子已經餓了。可是，她摸遍了全身上下的口袋，裡面連一個銅板也沒有，之前氣沖沖跑出來時忘了帶錢。

這個麵攤的主人是一個看起來很和藹的老婆婆，看到小女孩站在那裡直盯著客人的湯麵嚥口水，就問：「孩子，要吃碗麵嗎？」

小女孩羞紅了臉，不好意思地說：「可是……我忘了帶錢了。」

老婆婆面帶微笑地說：「沒關係，我請妳吃。」老婆婆端來一碗餛飩麵，還切了一碟小菜給小女孩。

小女孩滿懷感激吃了幾口就停下筷子，眼淚從她的臉上掉了下來，每顆淚珠都落在碗裡。老婆婆關心地問：「妳怎麼了？是不是發生什麼事了？」

小女孩連忙擦乾眼淚，對麵攤主人說：「沒事，我只是很感動。我不認識，妳卻對我這麼好，還煮餛飩麵給我吃。可是，我才跟我媽媽吵了幾句嘴，她就把我趕了出來，還告訴我不要再回去了。」

老婆婆聽了之後，拍了拍小女孩的頭平靜地說道：「孩子，妳怎麼會這麼想呢？妳想想看，我只不過煮了一碗餛飩麵給妳吃，妳就這麼感激我。妳媽媽煮了十多年的飯給妳吃，妳怎麼不感激她呢？怎麼還要和她吵架呢？」

小女孩一聽楞住了，眼淚又開始掉了下來，因為，她想起老師曾經說過的：「我們通常對別人給予的小恩小惠『感激不盡』，卻對親人一輩子付出的恩情『視而不見』。」

小女孩匆匆把餛飩麵吃完，說了聲謝謝後，就頭也不回地往家的方向跑去。

小女孩才剛到家附近，就看到疲憊不堪的母親正在路口四處張望。

小女孩的母親看到女兒回來，臉上馬上露出喜色，疼愛地說：「趕快進來吧，飯已經煮好了，妳再不吃，都要涼了！」

我們常常會要求自己的父母、另一半這樣做那樣做，以爲他們爲自己付出的一切都是理所當然的，只要不符合自己的要求，就認爲自己受了委屈，對方虧待了自己。

可是，同樣的付出如果來自朋友、同事、陌生人等等，就會銘記在心，急著找尋回報的機會。

人們總是把親人對自己的好當作應盡的義務，把另一半照顧自己的心力，視爲理所當然，從不認爲該表達謝意。

的確，來自非親非故的付出，應當心懷感激，但是對於無條件付出的親情，我們不是更該體會這份難得的「恩惠」嗎？

給老人關懷，也能有美滿未來

給老人們多一點關懷，當我們看見銀髮族到處「閒晃」時，請多體諒他們，並為他們保持著活力而微笑吧。

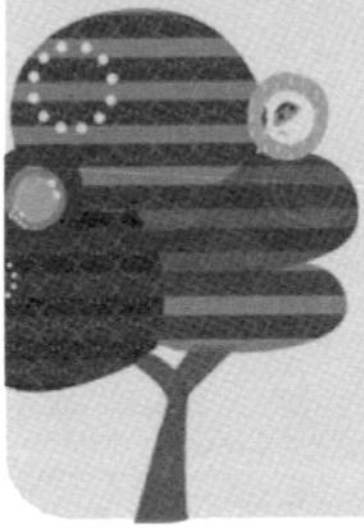

常常聽到年輕學子討論銀髮族在公車上「搶座位」的行徑：「他們眞的很閒，加上老人坐車不用錢，一天到晚就看著同一批人來來回回地坐車，公車根本是他們聚會的地點。不讓座又被認爲沒禮貌，可是我們每天上下課擠公車也很累啊，那些老人幹嘛來湊熱鬧！」

在我還是個學生時，也常常有這樣的感覺。背個重書包，加上熬夜唸書累個半死，就算再早排隊等公車，上了車還是得讓座，心裡難免有些不愉快。

直到年紀日漸增長，看見當年可以牽著自己的小手，走上幾公里路到處遊玩的爺爺，現在連行走都得靠人攙扶之時，對於公車上老人「鴨霸」的行爲，也能笑著接受了。

有位七十多歲的老先生，就算行動遲緩、背駝得厲害，還是每天風雨無阻到圖書館報到。不僅如此，他總是第一個進去，最後一個離開，就算所有讀者都走光了，他還是沒有離開的打算。每天如此，讓管理員覺得很困擾。

這位老先生每次進閱覽室只是東翻西翻，純粹來消磨時光，管理員對他愈來愈不耐煩。直到發生了一件事，才讓管理員改變對老先生的看法。

那天在下班路上，同事突然問她：「妳母親是不是在商場當監督員？」

管理員搖頭道：「沒聽說過呀。」

同事說：「我老婆在那商場當收銀員，每天開門，迎接的第一個顧客常常是妳母親。而且她老人家什麼也不買，卻常常杵在櫃台邊問東問西。時間一長，員工就以為她是公司派來的監督員，來監督他們工作。因此，所有人都對她既戒備又反感。」

管理員聽完就轉向來到母親家，她的父親兩年前病故，只剩母親一人住在老家。管理員向母親詢問事情經過，母親說：「沒這回事呀？他們大概是誤會了，我只是閒逛而已。」

管理員一聽，就開始數落母親給他人帶來麻煩。

母親不語，過了許久才長嘆了一聲，傷感地說：「我們這些老人太寂寞了，只能逛逛商店，消磨一下時間，久了就養成習慣，一天不去就覺得不對勁。要不，妳要我做什麼呢……」

母親垂下花白的頭，悄悄地流下了眼淚。

就在那瞬間，管理員突然感到心酸。母親雖然有一兒兩女，但兄妹們卻很少回來看母親，陪她聊聊天，母親要的只是有人陪陪她！那天管理員沒有回家，陪母親住了一晚，也聊了一晚。

第二早上，管理員很早就到圖書館，駝背的老先生仍然站在閱覽室前等候。

管理員心中突然出現母親的身影，她第一次真心面帶微笑，對他說：「早啊！

老先生。這麼早就來啦，趕快進來吧。」

當我們慢慢長大，走入社會，有了自己的家庭之後，我們對長輩不再依賴，也培養出自己的一套人生觀。

再加上日常生活種種瑣事，常讓我們分身乏術，將陪伴長輩的時間壓縮到最後的角落。總要到長者離開人世，才驚覺到我們再也沒有機會付出愛。

在管理員抱怨老先生帶來的不便的同時，自己的母親也正在做相同的事。如果能多站在別人的立場，爲他設身處地著想，其實也就是爲自己著想。

給老人們多一點關懷，試著從他們身上感受生命的智慧。

人都有年華老去的一天，甚至因爲行動不便終日在家。當我們看見銀髮族到處「閒晃」時，請多體諒他們，並爲他們保持著活力而微笑吧。

多努力一點，能走得更長遠

多做點努力，為將來預留「幸福」的空間。無論任何時候，我們都該有「更進一步」的信念，才能讓人生走上康莊大道。

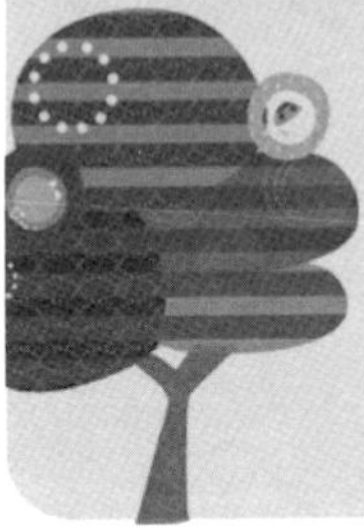

某次聽一位烹飪老師示範糕餅製作方法的課程時，講義上明明寫著麵粉兩百五十克，她卻多加了二十克進去。

根據老師的說法是，在製作的過程中，麵粉會因爲沾黏在攪拌器、手上、鍋盆等地方而損耗，所以實際上用的不到兩百五十克。因此，才多加二十克進去當作緩衝空間。

如果用「糕餅的製作」來思考人生，我們所做的努力可要再加強了。光只有八十分的努力還不夠，要做到九十分甚至一百分，才可能有八十分的成果。

從前，在相鄰的兩座山上，分別有兩座廟和裡面住著的兩個和尚。兩座山之間有一條溪，兩個和尚每天都會在同一個時間下山去溪邊挑水。

久而久之，他們便成為了好朋友。

時間飛逝，不知不覺五年過去了。有一天，左邊這座山的和尚沒有下山挑水，右邊那座山的和尚想，他大概有事耽擱了，不以為意。

哪知第二天，左邊這座山的和尚，還是沒有下山挑水，第三天也一樣，就這樣過了一個星期、一個月，都還沒見到左邊那座山的和尚前來挑水。

右邊那座山的和尚開始感到擔心，想朋友可能生病了，必須趕過去探望他，看看能不能幫上什麼忙。

於是，他爬上了左邊這座山去探望他的老朋友。

當他終於爬上左邊這座廟時，眼前的景象卻讓他大吃一驚。他的老友正在廟前打太極拳，一點也不像一個月沒喝水的人。

他好奇地問：「你已經一個月沒有下山挑水了，難道都不用喝水嗎？」

左邊這座山的和尚說：「來來來，我帶你去看一個東西。」

他帶著右邊那座山的和尚走到廟的後院，指著一口井說：「這五年來，我每天做完功課後，都會抽空挖這口井。我們現在年輕力壯，能自己挑水喝，倘若有一天我們都年邁走不動時，能指望別人為我們挑水喝嗎？」

「所以，即使我再忙，也從來沒有間斷過我的挖井計劃，能挖多少就算多少。如今，終於讓我挖出這口井，就不必再下山挑水了，甚至有更多的時間來練習我最喜歡的太極拳。」

美國著名的醫師作家麥克斯威爾．馬爾茲告訴我們：「想像你對苦難做出的反應，不是逃避或繞開它們，而是面對它們，和它們打交道，以進取的和明智的的方式進行奮鬥。」

想要擁有寬闊、美好的未來，就要改變自己的應對態度。

現代人之所以感覺自己活在壓力之中，很多時候是因爲不願意未雨綢繆，對於眼下可以進行的事項，不願意立即動手去做。

每天抽出一點時間來挖井，雖然比較累，但是用五年的時間換來往後數十年下山挑水的日子，其實是非常划算的。

人一生的奮鬥，不就是爲了讓生活過得更舒適、美好嗎？既然如此，何不趁現在多做點努力，爲將來預留「幸福」的空間，做自己想做的事呢？

不「進」不只是「退」，還有可能連踏上起跑線的機會都沒有。無論任何時候，我們都該有「更進一步」的信念，才能讓人生走上康莊大道。

每天多努力一點，正如有句法國俗諺所說的：「要想跳過一丈寬的水溝，就要先想辦法跳過一丈五。」

幸福就是不計較彼此的付出

每段婚姻都有各自不同的生存方式。只要兩個人在生活上都能各得其所，就是幸福，誰說一定要計較付出的方法與多寡呢？

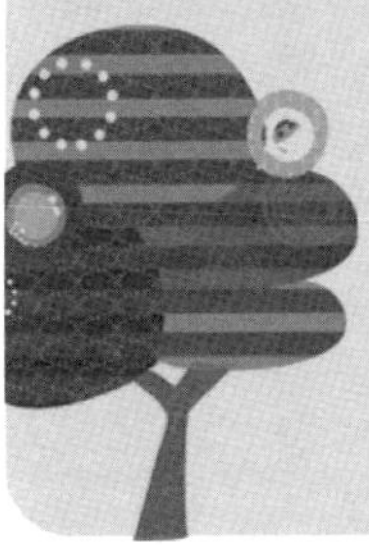

爲什麼老一輩的人婚姻總是比較長久？

或許是因爲早期社會的女性被教育成要無私的奉獻與犧牲，因而付出所有的歲月和心力在家庭上。

講究男女平等的現今社會，「公平」凌駕一切之上，凡事都要講求公平的結果之下，婚姻生活常常失足於「誰付出的多或少」，反而忽略了誰適合且有能力來處理這件事情。

婚姻是一種考驗，由兩個不同的個體共組一個家庭，爲共同的目標努力。這段路程曲曲折折，需要彼此互相扶持才能走向康莊大道。當你口口聲聲說著愛對方時，就不該把愛放在秤子上來衡量。

聖誕節的夜晚，麗娜要男友康恩陪同她出門為母親的車子加油。雖然康恩心裡很疑惑，幫忙刮掉擋風玻璃窗上的霜後，還是坐上了車。

上路後，麗娜為康恩說了一個故事：「自從爸爸過世後，每次我們幾個小孩回家都會幫媽媽把車子開去加油，她已經二十年沒有自己加過油了。」

無視於康恩更加困惑的表情，麗娜回憶地說著：

「大二那年，我回家過暑假。那時覺得自己已經長大，是個獨立的個體，我支持女權運動，認為兩性應該平等。有一天晚上，幫媽媽包著要送給親戚的禮物時，就隨口對媽媽說，將來我若結婚，家事一定要兩個人平均分攤，接著問媽媽，每天整理家務、燒菜煮飯、洗衣燙衣的，都不會感到厭煩嗎？媽媽只是微笑的搖了搖頭。得到這種回答，吃驚之餘，我的女權思想再度高漲，開始對媽媽進行機會教育。」

「在一連串的高談闊論後，媽媽終於停下手邊的工作，抬起頭，微笑的告訴我說：『親愛的，在婚姻生活中，總有些事是妳喜歡做，有些則是妳不喜歡的，因此，夫妻之間的溝通很重要。你們必須找出一個彼此可以接受的方式，來經營這個家庭。一起討論，哪些事是妳可以並且願意去做，哪些則是需要兩人共同分攤。雖然做這些瑣碎的家務事的確花了我不少時間，但是，我不因此而排斥或不悅，因為，這些都是為了我們共同的家庭而努力。相反的，我不喜歡開車去加油，那種刺鼻的汽油味讓我不舒服，我也不喜歡在大冬天站在戶外，等著油加滿，所以，加油這個工作一直是妳爸爸在做。另外，妳爸爸去雜貨店買日常必需品，我負責煮飯。妳爸爸割草，我澆水。在婚姻生活中，不用計較做的多或少，只要想著，是為了自己所愛的人而做，彼此生活也能更舒適，有什麼不好的呢？』」

回家的路上，康恩異常的安靜，直到車子進了車庫，準備打開車門下車時，突然抓住麗娜的手，用溫柔的眼睛注視著她說著：「我願意一輩子為妳加油。」

那一刻麗娜知道，她也將擁有和父母親一樣幸福的婚姻。

現代的女性獨立自主，能力毫不遜於男性，但這不代表得忽略自己眞正的渴望，只爲了講究男女平等。

每段婚姻都有各自不同的生存方式，必須彼此體諒。或許妳的男人就是喜歡在家帶孩子，當一個家庭「煮」夫，而妳就剛剛好是個在外奮鬥的女強人，這也是一種幸福，不是嗎？

只要兩個人在生活上都能各得其所，就是一種幸福，誰說一定要計較付出的方法與多寡呢？

用積極的心態，改變自己的未來

讓將來的你，感謝現在的自己

There is No Excuse

The key of Success

向愷然=編著

作家哥爾斯密曾經寫道：
「不論在那裡，不論你是誰，自己的幸福要靠自己去創造、去尋覓。」

人生本來就充滿選擇，如何面對發生在自己眼前的事情也是一種選擇，
你的態度將決定你未來的人生道路。
當你徬徨、迷惑，不知道自己該往何處走的時候，千萬不要心慌意亂，
先讓失去方寸的心冷靜下來，然後問問自己問題到底出在哪裡，要如何解決。
要用積極的心態，改變自己的未來，讓自己人生路途豁然開朗。

生活良品

54

與其抱怨，不如試著改變

作　　者　凌　雲
社　　長　陳維都
藝術總監　黃聖文
編輯總監　王郡凌
出 版 者　普天出版家族有限公司
新北市汐止區忠二街 6 巷 15 號
TEL / (02) 26435033 (代表號)
FAX / (02) 26486465
E-mail：asia.books@msa.hinet.net
http://www.popu.com.tw/
郵政劃撥 19091443 陳維都帳戶
總 經 銷　旭昇圖書有限公司
新北市中和區中山路二段 352 號 2F
TEL / (02) 22451480 (代表號)
FAX / (02) 22451479
E-mail：s1686688@ms31.hinet.net
法律顧問　西華律師事務所・黃憲男律師
電腦排版　巨新電腦排版有限公司
印製裝訂　久裕印刷事業有限公司
出 版 日　2022 (民 111) 年 8 月第 1 版
I S B N◉978-986-389-835-1　條碼 9789863898351

國家圖書館出版品預行編目資料

與其抱怨，不如試著改變／
凌雲著.一第 1 版.一：新北市,普天出版
民 111.8 面； 公分. - (生活良品；54)
I S B N◉978-986-389-835-1(平裝)

普天之下・盡是好書

普天出版家族 Popular Press Family

凌雲文創 A-Plus Creative Company